GISELA KRAHL

frech auf den Tisch

1. Auflage Juli 1999

Gestaltung Angelika Weinert
Umschlaggestaltung Büro Hamburg/Susanne Reizlein
(Fotos: Jo Magrean / Food Pix; Premium)
Fotonachweis siehe Seite 188
Lithographie Grafische Werkstatt Christian Kreher, Hoisdorf
Satz UNDER/COVER, Hamburg
Druck und Bindung Clausen & Bosse, Leck
Printed in Germany
ISBN 3 8052 0653 4

GISELA KRAHL

frech auf den Tisch

Wenn die Schlampe feiert

WUNDERLICH

Inhalt

Inhalt

Inhalt

Inhalt

Inhalt

frech auf den Tisch

Dieses Buch ist der Feier-Schlampe gewidmet: der unperfekten Frau, die Geselligkeit liebt und große Feste feiern will, ohne sich den Ansprüchen von Lifestyle-Zeitschriften zu unterwerfen; der schlauen Frau, die gar nicht daran denkt, zu dem zu werden, was verwöhnte Männer und gewisse Frauenmagazine unter einer guten Hausfrau oder vollendeten Gastgeberin verstehen. Dieser unzeitgemäße Job wäre ihr zu blöd.

Wer bei fremdelnden Gästen Eindruck schinden muß oder meint, daß Perfektion erforderlich sei, beauftragt beherzt einen Catering-Service, wie es ihn heute in jeder Großstadt gibt. Dann rollen echte Köche und Köchinnen mit beschürzten Kellnern, Besteck, Gläsern, Geschirr und geflügelten Servietten an, bereiten das Essen zu, dekorieren, servieren, tilgen am Ende alle Spuren und verschwinden – unter Hinterlassung einer Rechnung. Die Gastgeberin hat alles nur angezettelt, ihr Dekolleté für zwölf Augenpaare hergerichtet und schaut entspannt dem professionellen Treiben zu.

Das ist die eine Möglichkeit. Doch es geht auch ganz anders – wie, das erfahren Sie hier. Die Feier-Schlampe experimentiert, statt brav ihre Pflicht zu tun. Sie liebt die Spontaneität, das Überraschende, das Theatralische, den großen Auftritt. Kein fehlendes Zwölfer-Gedeck wird sie entmutigen, und ob die Gläser

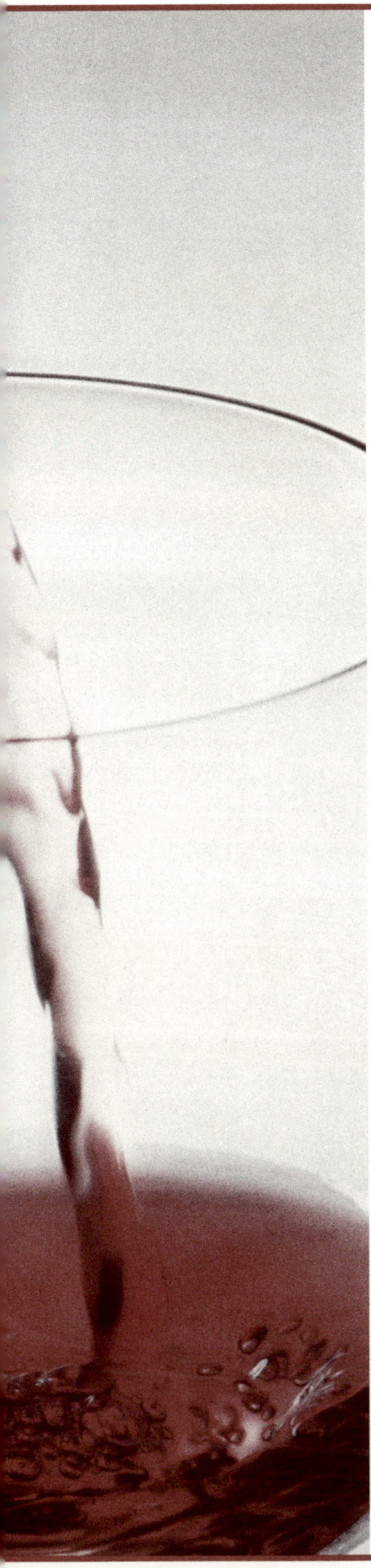

alle aus derselben Packung stammen oder Fundstücke sind, ist ihr ziemlich schnuppe. Denn ein Mann, der bei seiner neuen Liebsten eine gestärkte, blitzende Tafelgarnitur vorfindet, wird sowieso bald das Weite suchen. In einer Komplettausstattung ist kein Platz für einen verliebten Kerl.

Gastgeberische Perfektion hat Gäste zu allen Zeiten eher verstört als beglückt; geliebt und bewundert wird dagegen die unverkrampfte Frau mit dem charmanten Hang zur Schlamperei. Bei ihr deckt der Gast dankbar selbst den Tisch und öffnet eine Flasche, während die Gastgeberin noch mit dem Braten kämpft. Die Feier-Schlampe hat sich jenes Augenmaß für den adäquaten Aufwand angeeignet, das Männer immer schon besaßen. Auch sie schätzt manchmal Perfektion – sofern die aus Lust entsteht, nicht aus Prinzip, mit Schwitzen und Stress. Hausfrau von Beruf ist sie auch dann nicht, wenn sie keinen anderen Beruf ausübt.

Doch in der richtigen Laune, bei würdiger Gelegenheit schwingt sie sich zur Höchstform auf, federt zwischen Backofen und Mikrowelle hin und her und nutzt das Supermarktangebot für eine virtuose Mischung aus Fix und Fertig. Und: was perfekt ist, bestimmt die geniale Schlampe selbst.

So befindet sie sich stets in bester Gesellschaft: dort nämlich, wo es auch geliebte Loser gibt, manchmal umschleierte Gläser und kühn kombiniertes Besteck.

Ich-bin-mal-wieder-dran-Menu

für sechs
bis acht Freunde

Für Ihre Freunde geben Sie sich Mühe, lassen sich etwas einfallen, ziehen aber keine Show ab. Sie protzen weder mit Kristall noch damit, daß Sie genauso grandiose Sachen kochen können wie jedes ordentliche Bistro in der Stadt. Was Sie Ihren Freunden und Gästen bieten, sollte weniger aufwendig und möglichst origineller sein.

Ein wenig anspruchsvolles oder sogar mittelprächtiges Mahl mit gutgelaunten Freunden ist besser als ein Edelfraß mit verklemmten Tischflüsterern.

So gesehen blitzt die Rotbarbe, gefüllt mit Hummerfarce auf Fenchelschaum, gegenüber einer Bratwurst mit Rotkohl ganz einfach ab. Nicht das Styling ist wichtig, sondern die Stimmung.

Bitten Sie also nie mehr als acht Freunde zum Menu an einen Tisch, wenn Sie keine Hilfe haben;

bei mehr Personen ist ein kleines Buffet mit Selbstbedienung die bessere Wahl.

Wenn Veggies oder Teilzeitveggies mit am Tisch sitzen werden, sollte nicht unbedingt der Gänsebraten die Hauptattraktion des Essens sein – das Gemüse muß sich auch ohne Fleisch bewähren können.

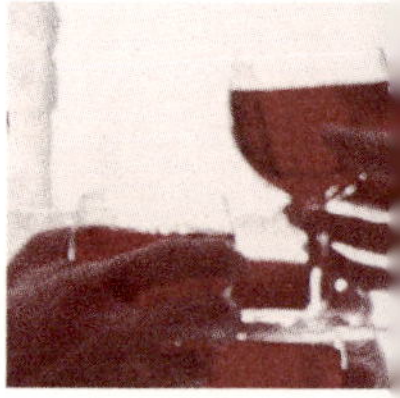

Ein sehr gutes Mahl ist zum Beispiel Kartoffelbrei und Sauerkraut. Auch ohne Speck zubereitet, schmeckt Sauerkraut nach dem Rezept auf Seite 70 wunderbar und ist mit Fasanenbrüstchen ebenso kompatibel wie mit Eisbein, Wildbratwurst oder ein paar Scampis, einem gebratenen Zanderfilet oder gebratenen Blutwurstscheiben. Und falls jemand nur das Kraut und den Brei verspeisen will, ist er nicht schlecht versorgt. Wenn Sie den Brei auf das Kraut gehäuft und im Ofen hübsch goldgelb überkrustet haben, ist aus der Beilage ganz schnell ein Hauptgericht geworden.

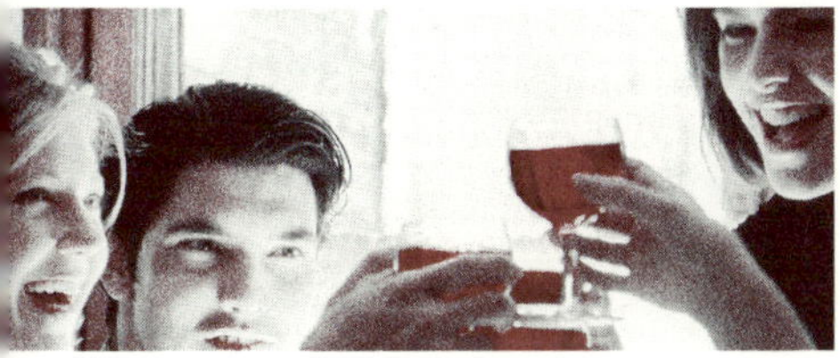

Hier zwei raffinierte und doch einfache Menus für den unweigerlich wiederkehrenden (Nicht-)Anlaß:

Schnell, schlicht, nicht schlecht

- Lachstatar
- Schnelle Entenkeulen
- Aprikosenlinsen
- Sorbet auf zweierlei Art

LACHSTATAR

Ultradünn geschnittene, rohe Scheiben vom Edelfisch werden häufig auch Carpaccio genannt, wie das fleischerne Original.

Hierzu muß man nur das filetierte Fischfilet in Frischhaltefolie in Rollenform pressen und im Tiefkühler erstarren lassen. Mit einer Schneidemaschine werden sehr dünn und sehr schnell die Scheiben geschnitten und auf jedem Teller sofort im Kreis ausgelegt. (Später geht das nicht mehr, weil dann die dünnen Scheiben aufgetaut sind und Sie sie nicht mehr auseinanderfieseln können.) Mischen Sie Olivenöl, Zitrone, Salz, Pfeffer und gehackte Dillspitzen darunter. Zur Dekoration noch fünf bis acht rote Pfefferkörner, und dann versuchen Sie, die Teller im Kühlschrank zu stapeln, bis die Gäste kommen.

Falls der Kühlschrank geräumig ist, läßt sich diese Vorspeise gut vorbereiten, und ohne Schneidemaschine geht es auch. Legen Sie würfelgroße Stücke vom Lachs zwischen zwei Folienblätter und schlagen sie mit einem Stieltopf platt. Aber mit gezähmter Wucht.

Genausogut können Sie aber eine ebenso feine, viel einfachere Version von roh mariniertem Edelfisch anfertigen: das Tatar. Die Fischfilets müssen von ihrer Haut gelöst sein; das erledigt der Fischhändler. Sie schneiden die Filets mit einem großen Messer in bleistiftdünne Streifen, dann quer in Würfelchen, hacken sie noch einmal kreuz und quer durch und befördern sie in eine Schüssel. Falls Sie Thunfisch spendieren, ergeht es dem dunkelroten Filet ebenso, und auch das bleiche Stück vom Zander oder Kabeljau wird so verhackstückt. Würzen Sie Lachs mit Olivenöl, Zitronensaft und frischem, gehacktem Dill; Thunfisch mit Olivenöl, Limonensaft, abgeriebener Schale und Petersilie; Zander mit Olivenöl, Zitrone und Schnittlauch; alles mit Pfeffer und Salz, und stellen Sie die Schüssel in den Kühlschrank, bis die Gäste eintreffen.

Sie sollten ein oder mehrere Salatblätter für eine oder mehrere Sorten Tatar als Schälchen auf jeden Teller legen, das sieht frisch aus. Während Sie die vorbereiteten Teller aufdecken, bräunen Sie im Toaster Weißbrotscheiben, die Sie mit Butter zum Tatar reichen.

SCHNELLE ENTENKEULEN AUF APRIKOSENLINSEN

6 Entenkeulen, Grand Marnier, Orangen, Geflügelfond

Wer ein paar Entenkeulen gekauft hat, weil ein ganzer Entenbraten für sechs Personen ohnehin nicht reicht, und nun eine halbe Stunde bevor die Gäste kommen frohgemut diese Keulen brät, wird eine Pleite erleben, denn er hat die Gebrauchsanweisung für Entenkeulen nicht gelesen: Die brauchen zum Garen nämlich ebenso lange wie eine ganze Ente.

Wenn Sie schneller sein wollen, bedienen Sie sich eines **Schlampentricks:** Sie braten die Keulen rundum in Butterfett an, damit sie braun werden und Bratgeschmack bekommen, nehmen sie dann aus der Pfanne und injizieren ihnen mittels einer Einwegspritze voll Orangensaft und Grand Marnier subkutan und intramuskulär das Orangenaroma, das sie nun nicht mehr langsam schmorend von außen erwerben können; dann garen sie die Teile einzeln in der Mikrowelle durch – das dauert bei sechs Keulen glatt ein paar Minuten – und stellen sie warm. Am besten probieren Sie das einmal, wenn Sie allein essen.

Physikalisch und chemisch ist dieses Verfahren ganz in Ordnung, aber falls Sie Hemmungen haben, die edle Entenkeule derart unter Zeitdruck zu setzen,

müssen Sie nun einmal früher am Herd stehen und den Keulen knapp zwei Stunden im Bräter gönnen. Der Bratensatz in der Pfanne wird mit Grand Marnier und etwas Orangensaft, auch mit Geflügelfond, wenn Sie haben, aufgekocht, dann kommen gestückelte Orangenfilets und ein paar Raspeln von der hoffentlich unbehandelten Orangenschale hinzu. Salzen und pfeffern Sie die Sauce und stribbeln Sie noch ein paar frische oder getrocknete Thymianblättchen hinein.
Oder aber Sie disponieren um und entscheiden sich für eine kurz zu bratende Entenbrust. Das Linsengemüse dazu bleibt in allen Fällen gleich.

APRIKOSENLINSEN

1 Pfund Linsen (am besten die kleinen französischen Puy-Linsen, aber auch das sollten Sie nicht zu verbissen sehen),
1 Glas Weißwein, etwas getrockneter Salbei, 1 Handvoll getrocknete Aprikosen

Die Linsen werden, entgegen landläufiger Meinung, nicht eingeweicht, sondern ungefähr 45 Minuten lang in einer Weißwein-Wasser-Salz-Salbei-Mischung weich gekocht; meistens dauert das sogar weniger lange. (Je winziger und farbiger – gelb, rot – die Linsen sind, desto schneller geht es. Warum, weiß kein Mensch.) Geben Sie erst gegen Ende der Kochzeit eine Handvoll gestückelter, getrockneter Aprikosen dazu. Die brauchen nur 5 bis 10 Minuten mitzukochen. So können die Linsen vorbereitet, aufbewahrt und am nächsten Tag zum Essen nur wieder rasch erwärmt werden. Eventuell auch in der Mikrowelle.

SORBET À LA MINUTE

1 Kilogramm Pfirsiche, Aprikosen oder gemischte Beeren, püriert, 300 Gramm Puderzucker, 1 Zitrone, 1 Liter flüssiger Stickstoff

In Frankreich wird das Sorbet in einigen Restaurants mit flüssigem Stickstoff zubereitet. Das hat den Vorteil, daß die Eiskristalle, die sich im Sorbet bei minus 200 Grad bilden, viel kleiner sind als bei den Temperaturen im Gefriergerät oder in der Eismaschine. Außerdem verdampft der Stickstoff, wenn er mit der Fruchtmasse verrührt wird, und bildet dadurch kleine Schaumbläschen im Eis. Das auf diese Weise zubereitete Sorbet wird sehr viel feiner und perfekter als das konventionell zubereitete. Außerdem ist es ein großes Spektakel, weil der Stickstoff in einem futuristisch anmutenden Sicherheitsbehälter geliefert wird und beim Umgießen den ganzen Tisch oder Fußboden einnebelt. Zwei Menschen, gut geschützt durch Handschuhe und Schutzbrillen – einer rührt mit einem langen Holzlöffel, der andere gießt nach und nach die flüssige Kälte in den möglichst hohen, vor Spritzern schützenden Topf –, bereiten einen Liter Sorbet der feinsten Qualität in Minutenschnelle zu.
Probieren Sie das zunächst einmal im kleinen Kreis unter gesitteten Menschen, und warnen Sie die Umstehenden: Minus 200 Grad sind gefährlich. Wenn Sie aber damit umgehen können, werden Sie zauberhaft belohnt.
Das Caipirinha-Sorbet auf der folgenden Seite geht ganz einfach, braucht aber ein paar Stunden im Gefrierschrank.

CAIPIRINHA-SORBET, GANZ GEFAHRLOS, ABER LANGSAM

1/4 Liter Saft von Limonen und den Abrieb der Limonenschalen, 1/4 Liter Wasser, 125 Gramm Zucker, 1/4 Liter Zuckerrohrschnaps oder weißen Rum, 3 Blatt Gelatine

Erhitzen Sie den Zucker im Wasser, bis er ganz aufgelöst ist: Diese Lösung nennt man Läuterzucker. Die Gelatine wird zunächst für ein paar Minuten in kaltem Wasser eingeweicht, dann ausgedrückt und mit einem Schneebesen in den heißen Läuterzucker gewirbelt, damit sie sich vollkommen auflöst. Nun gießen Sie den Limonensaft, den Läuterzucker und den Schnaps zusammen, lassen alles abkühlen und stellen die Flüssigkeit in den Tiefkühler.
Alle paar Stunden sollten Sie das Sorbet einmal umrühren, damit es gleichmäßig kristallisiert. Decken Sie die Schüssel mit Folie ab.
Das Sorbet schmeckt auch gut im Champagnerglas, mit Pitzelwein aufgefüllt, und genauso lassen sich alle möglichen anderen Cocktails und Sirups vereisen. Achten Sie nur auf das immer gleiche Mischungsverhältnis von Früchten, Sirup, Alkohol und Gelatine – und rühren Sie zum Beispiel ein Campari-Orange-Sorbet oder ein grünes Pfefferminzsorbet aus Sirup und Weißwein; ein Sorbet aus Holunderblütensirup mit Weißwein oder Johannisbeerlikör (Cassis) und Weißwein.

*Nobel-
fütterung*

- Chèvre im Frühlingsrollenteig
- Toskanischer Filetbraten
- Polentacreme
- Windelspeise

CHÈVRE IM FRÜHLINGSROLLENTEIG

In chinesischen Ecken im Supermarkt oder in speziellen Asia-Läden gibt es tiefgefrorenen Frühlingsrollenteig – eine lohnende Anschaffung.

Greifen Sie auch gleich noch zur großen Flasche mit der süßscharfen roten Chilisauce, die irgendwann später zum Einsatz kommt, denn die ist absolut beglückend und erbauend, wenn einen der Anblick von Reis oder Gemüse völlig kalt läßt und jede Inspiration erloschen ist.

Hüllen Sie die Teigblätter gleich in ein feuchtes Tuch, wenn Sie die Packung geöffnet haben. So tauen die Blätter auf; die übriggebliebenen werden in dem Tuch wieder eingefroren.

Sie können auch die getrockneten, milchig-transparenten Reisblätter verwenden, die erst mit Wasser befeuchtet werden müssen, bevor man sie biegen und falten kann. Ähnlich gut sind die hauchdünnen, trockenen Teigblätter, die es eingeschweißt in türkischen Geschäften gibt.

Verpacken Sie pro Gast einen Ziegenkäsetaler in einem Teigblatt. Das Blatt muß aber nicht mit Eiklar zugeklebt werden. Die Päckchen werden vorbereitet und, wenn die Gäste da sind, in Butterfett schnell von allen Seiten knusprig gebraten.

Das dauert nur ein paar Minuten. Klecksen Sie einen Eßlöffel voll Pesto (selbstgemacht siehe Seite 179 oder aus dem Glas) auf jeden Teller, und setzen Sie das heiße Knusperpaket darauf.

TOSKANISCHER FILETBRATEN

Etwa 200 Gramm Ochsenfilet für jeden Gast, frische Rosmarinzweige, Knoblauchzehen, Parmaschinken, kräftiger Rotwein, Sellerie, Karotte, Gemüsezwiebel

Als erstes heizen Sie Ihrem Backofen ein – 220 Grad sollte er schon haben. Dann nehmen Sie ein großes Stück Ochsenfilet und schneiden es mit einem scharfen Messer in der ganzen Länge an drei Seiten ungefähr 2 cm tief ein. In diese Schnitte legen Sie frische Rosmarinzweige, halbierte Knoblauchzehen und stopfen dünne Scheiben vom Parmaschinken hinterher. Dann salzen und pfeffern Sie das ganze Filet rundherum und belegen es eng mit dünnen Scheiben von Coppa – das ist ein marmoriertes Stück vom Schwein – oder wieder mit Parmaschinken und wickeln zur Befestigung der Scheiben einen Faden um das ganze Filet.

Braten Sie ein Stück Sellerie, eine Karotte, eine Gemüsezwiebel, alles grob zerhackt, in einem Bräter an, gießen eine halbe Flasche Rotwein hinterher und lassen alles eine halbe Stunde schmoren. In der Zeit wird das Fleischstück rundherum in einer Pfanne angebraten und dann auf das Gemüse in den Bräter gelegt.

Nach dreißig Minuten ist das Fleisch gut, also innen rosa und saftig. Drücken Sie mit den Fingern darauf – wenn es sich in der Festigkeit anfühlt wie das Fleisch an Ihrer Daumenwurzel, ist es à point, also gut. Wenn es sich anfühlt wie das Fleisch zwischen Daumen und Zeigefinger, braucht es noch fünf bis zehn Minuten. Nehmen Sie den Braten aus dem Ofen, aber lassen ihn noch im Bräter ruhen.

In dieser Zeit gießen Sie den Bratsaft ab, pürieren das Gemüse im Saft und

lassen die Sauce auf großer Hitze in kleinem Topf etwas einkochen. Dann brauchen Sie nur noch zu salzen und zu pfeffern, falls das nötig ist.
Statt Filet können Sie auf diese Weise auch ein weniger edles Stück schmoren. Das schmeckt zwar auch gut, braucht aber mehr Zeit, bis es weich und durchgebraten ist.

POLENTACREME

300 Gramm Polenta, 1/2 Liter Wasser,
1 Liter Milch, geriebener Parmesankäse,
1 Eßlöffel Butter

Kochen Sie die Flüssigkeit auf, streuen Sie den Grieß hinein und rühren Sie, bis die Konsistenz richtig ist – der Grieß quillt sehr schnell. Beim Rühren mit dem Schneebesen merkt man, ob noch Grieß oder Milch fehlt. Dann rühren Sie noch 50 Gramm geriebenen Parmesankäse darunter und die Butter, ruhig auch mehr, wenn Sie mögen, und Salz, Pfeffer und Muskat.
Für dieses Gericht sollte die Polenta cremig und weich bleiben. Wenn sie noch nachquillt, läßt sie sich immer wieder mit Milch oder Brühe erhitzen und auflockern.
Hierzu passen gut: grüne Bohnen, Rosenkohl oder sonst ein Gemüse, tiefgekühlt und fertig geputzt oder frisch in Salzwasser knapp gegart, abgegossen und in Butter geschwenkt.
Das geht fix, aber genauso fix geht auch ein Salat.

WINDELSPEISE

1 Liter Schlagsahne, 1 Liter Vollmilchjoghurt, Vanillezucker, Tiefkühlbeeren, Zucker oder anderes Obst

Sie schlagen die Sahne steif, rühren sie mit dem Joghurt zusammen und würzen alles üppig mit Vanillezucker und abgeriebener Limonen- oder Zitronenschale. Legen Sie nun ein Durchschlagsieb, das groß genug ist, mit einer Stoffwindel aus der Babyabteilung oder einem Käseleinentuch aus, gießen Sie die süße Masse hinein, und hängen Sie das Sieb in einen Topf. Stellen Sie den Topf für eine Nacht kühl zur Ruhe, damit sich die Speise setzen kann. Dabei sondert sie Flüssigkeit ab, die in den Topf tropft. Am nächsten Tag kann sie als feste Kuppel auf einen großen Teller gestürzt werden. Belegen Sie sie über und über mit den aufgetauten, gezuckerten und abgetropften, eventuell auch alkoholisch marinierten Früchten, so daß von der weißen Speise nichts mehr zu sehen ist.

DER GROSSE COUSCOUS MIT FISCH

Couscous kommt aus dem Morgenland, und dort wird er traditionell mit Hammel oder Geflügel und Kichererbsen zubereitet, aber auch das sizilianische Rezept mit Fisch paßt zu orientalischen Tischsitten. Dieses Mahl muß nicht unbedingt in der Hocke auf dem Fußboden mit den Fingern verspeist werden, aber es kann.

Insofern eignet es sich für junge Leute ohne Rücken- und Hüftprobleme, auch für weniger gut bestückte Haushalte, in denen es im Augenblick eben keinen großen Tisch und nicht genügend Stühle gibt, von passenden Messern und Gabeln ganz zu schweigen.

Mit Freunden auf dem Fuß-boden

· Der große Couscous mit Fisch

Leihen Sie sich eine große bunte Decke aus, oder nehmen Sie einen Bettüberwurf. Der Stoff sollte eine Fläche von zwei Metern im Quadrat bedecken – mitten in der guten Stube. Um diese Fläche herum verteilen Sie Polster und Sitzkissen.

In die Mitte kommt eine kleinere, weiße Tischdecke. Wenn Sie ein Blech oder Tablett, Brett oder eine große Platte finden können, legen Sie es unter diese Tischdecke.

An jedem Sitzplatz befindet sich eine Serviette, ein Weinglas und ein Wasserglas und ein flacher Teller oder eine kleine Schüssel. Besteck ist nicht nötig, es wird mit den Fingern gegessen. Sie kaufen ein paar Windeln aus der Babyabteilung – die sind sowieso sehr nützlich zum Durchseihen in der Küche, für Packungen und Gesichtskompressen –, falten sie dreieckig zusammen, befeuchten sie und drücken sie wieder aus.

Der Stapel kommt in die Mikrowelle, wenn alle sitzen und das Essen gleich beginnen wird. Mit einer Gabel werden die Tücher, die nicht mehr tropfen sollten, verteilt. So kann sich jeder Gast vor dem Essen noch einmal die Finger reinigen. (Nach dem Essen kann jeder das im Bad tun.)

Für 8 Personen: 800 Gramm Couscousgrieß (mittelfein), an Gewürzen ungefähr 2 Döschen Safranpulver, 1 Messerspitze Nelkenpulver, 1 Messerspitze Zimt, Muskat, Salz, Pfeffer, Cayennepfeffer oder das aromatische Harissa

Für die Suppe: 3 Kilo gemischte Fische (Brasse, Barbe, Sardine, Schellfisch) und etwa 1 1/2 Pfund Tomaten, 1 großen Staudensellerie, 2 Bund glatte Petersilie, 2 Gemüsezwiebeln, 3 (bis viel mehr) Knoblauchzehen, 3 Lorbeerblätter, 8 Eßlöffel Öl, 5 Gewürznelken, Salz und Pfeffer, 2 Liter Wasser

Fangen Sie mit dem Hacken der Petersilie an, und lösen Sie den Safran in etwas heißem Wasser. Putzen Sie die Fische – große werden filetiert, kleine bleiben ganz –, schneiden Sie alle Fische in Portionsstücke und stellen Sie aus den Köpfen und Schwänzen zusammen mit den Gemüsen und Gewürzen einen Fischfond her, wie es auf Seite 178 beschrieben wird. Oder Sie lassen all das vom Fischmann erledigen und kaufen einen fertigen Fond: Sie benötigen etwa 1 1/2 Liter Fischbrühe.

Sie kochen die Suppe bei starker Hitze etwas ein, lassen die Fischstücke 10 Minuten darin ziehen und schmecken mit Chilipulver autoritär ab. Sie können auch ganz diplomatisch ein Schüsselchen mit Harissa – eine scharfe

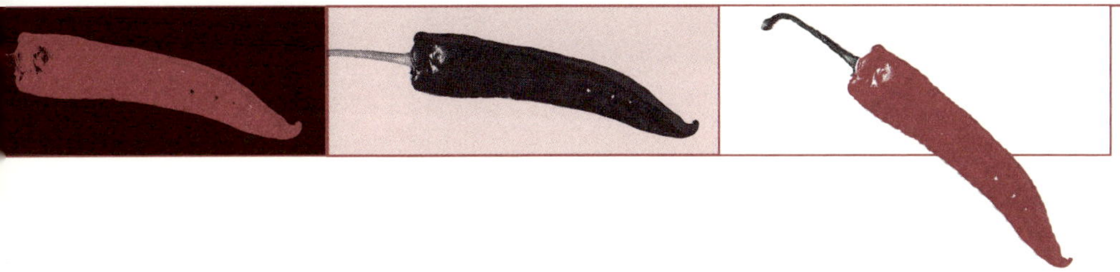

Chilipaste mit einem besonderen Aroma – zu den Tellern stellen und die Befeuerung der Speise den Gästen überlassen.
Feuchten Sie den Grieß mit dem gelösten Safran an. Der Couscousgrieß wird traditionell in ein Sieb gegeben und über der Fischbrühe im Dampf gegart. Da er in Deutschland hauptsächlich vorgekocht verkauft wird, geht das sehr schnell. Lesen Sie aber die Gebrauchsanleitung – eventuell wird der Grieß auch nur mit etwas Öl und Brühe begossen und quillt dann. Egal, welche Art von Grieß Sie kaufen, er muß locker sein, wenn er gar ist. Am Schluß prüfen Sie mit den Fingern, ob er sich gut zerkrümeln läßt und nicht zusammenbackt. Lockern Sie ihn mit den Fingern auf und mischen ihn mit den Gewürzen.
Wenn das Essen angerichtet wird, häufen Sie die Fischstücke zusammen mit dem Grieß auf das weiße Tischtuch, so daß da ein lockerer, dampfender Berg liegt. Legen Sie ein paar Fischstücke dekorativ obenauf, und verteilen Sie die Petersilie darüber. Jeder trägt den Couscousberg mit den Händen ab, füllt sich das Schälchen und träufelt heiße Brühe wie Sauce darüber. Die Brühe kann auf einem Stövchen sehr heiß gehalten werden.
Und nun zücken Sie die Finger und essen Sie.

Weiberessen

Es gibt Frauen, die beim Gedanken an gutes oder deftiges Essen sogleich ein schlechtes Gewissen beschleicht und die, kaum daß sie die Pracht auf dem Tisch erblicken, zu jammern beginnen. Sie stöhnen über den Braten und jaulen in den Topf, heben voll Lustschmerz den Teller und ziehen ihn angstvoll zurück, falls sich da so etwas wie eine ganze Portion niederlassen will.

Dann fieseln sie von jedem Parmaschinken den hauchdünnen weißen Fettstreifen ab, prokeln die Speckspirkel aus dem Feldsalat, stöbern mit Messer und Gabel nach zwei kleinen, mageren Hapsen vom ohnehin fettfreien Fasanenschenkel und lassen sogar von dem, was sie sich selbst an Gemüse aufgefüllt haben, die Hälfte auf dem Teller zurück.

Mit diesen Typen – einige zählen zu unseren Busenfreundinnen – hat man als Gastgeber seine liebe Not.

Für biß- und trinkfeste Freunde zu kochen macht mehr Spaß. Selbst abgebrühte Profiköche blicken schwermütig einem Gericht hinterher, das auf dem Teller nur irgendwie lieblos durcheinandergebracht wurde und dann mit Schwung und Ähbäh von der Lady im Service in den großen blauen Abfallsack entlassen wird.

Im Zweifel machen Sie es sich einfach: Bunter Salat mit jeweils drei gebratenen Garnelen (die eine, die sogar von diesem Magermahl übrigbleiben wird, vernaschen Sie zum Frühstücksrührei am nächsten Tag) und Pasta. Basta.

Fett-reduziertes Menu für die molligen Freundinnen

· Bagna cauda
· Gebratener Kabeljau auf schwarzem Graupenrisotto
oder
· Huhn mit vierzig Knoblauchzehen
· Fruchtpüree: Das Geschnatter süßer Früchtchen

BAGNA CAUDA

Bagna cauda ist eine klassische italienische Sauce aus dem Piemont. Das «heiße Bad», so heißt sie auf deutsch, wird in einer Schüssel auf einem Stövchen heiß gehalten.
Um die Schüssel herum drapieren Sie rohes, allenfalls kurz blanchiertes, geputztes und auf Fingerlänge gestutztes Gemüse und Grissini, die dünnen italienischen Brotstangen; aber auch getoastetes Brot, Fladenbrot oder Knäckebrot können Sie dazu verknuspern. So ein üppiger Gemüseberg, mit dem leuchtenden Stövchen in der Mitte, ist im Piemont manchmal schon das Hauptgericht, und bei dem Wein, der dort wächst, ist das kein Wunder.
Für die Sauce brauchen Sie

6 durchgepreßte Knoblauchzehen, 250 Gramm Butter, 50 ml Olivenöl, 2 feingehackte Sardellen, 1 Tasse süße Sahne

Erhitzen Sie die Butter, gießen Sie das Öl hinein; dann kommt der Knoblauch, dann die Sardellen. Die Sahne wird erst kurz vor dem Servieren hineingerührt. Diese Sauce darf nie köcheln, sonst gerinnt sie. Das Gemüse wird zart in den Topf mit der warmen Sauce gestippt. Das ist eine schlanke Vorspeise, die gut zu einer schnatternden Runde figurbewußter Mollis paßt.
Putzen Sie nicht nur den großen Rettich und Karotten, sondern auch die Selleriestangen mit einem Sparschäler, so bekommen Sie die harten Fäden unter der Haut am besten ab.
Alle anderen Gemüse wie Chicoree, Paprika, Blumenkohl brauchen nur ge-

waschen und zerteilt zu werden. Während der Gemüse-Putzerei kochen noch ein paar Eier ohne weitere Aufsicht vor sich hin und werden hart. Abkühlen, abpellen und vierteilen.

GEBRATENER KABELJAU AUF SCHWARZEM GRAUPENRISOTTO

Für 6 Personen: 6 Portionen Kabeljaufilet, möglichst gleich dicke Stücke, Mehl, Butter, Butterfett, 5 Scheiben Toastbrot, 60 Gramm geriebener Parmesankäse oder Pecorino

Für den Risotto: 150 Gramm Perlgraupen, 2 Schalotten, 2 Beutelchen schwarze Tinte vom Tintenfisch, Olivenöl, Wasser, Fischfond, 2 Tomaten

Säubern, säuern, salzen und pfeffern Sie die Fischstücke in dieser Reihenfolge. Wenn Sie wollen, tupfen Sie die Stücke zart in Mehl und klopfen sie wieder ab, jedenfalls erhitzen Sie Butterfett in einer Pfanne und braten die Fischstücke kurz von beiden Seiten an. Buttern Sie ein Backblech und legen Sie die Fischstücke darauf.

Sie entrinden das Toastbrot, schreddern es in der Küchenmaschine, mischen es mit dem Käse und etwas Butter und drücken die Mischung auf die Fischstücke. Obenauf kommen ein paar Butterflöckchen. So kann der Fisch liegen bleiben, bis die Gäste kommen.

Auch der Graupenrisotto kann vorbereitet werden. Zwiebelchen oder Scha-

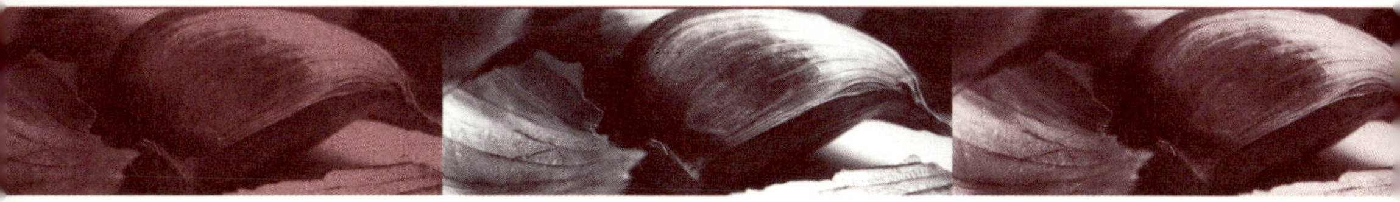

lotten würfeln, in Olivenöl anbraten und die Graupen dazugeben. Jetzt kommt etwas Salz in den Topf, dann die schwarze Tinte, und nun füllen Sie die Graupen mit Fischfond (siehe Seite 178 oder Fertigprodukt) auf, lassen den Risotto einmal stark aufkochen und dann bei schwacher Hitze fünfzehn Minuten lang ziehen.

Wenn er gar ist, kann er ruhig ein paar Stunden oder sogar über Nacht auf seinen Einsatz warten. Gießen Sie einfach noch ein wenig Flüssigkeit, Wasser, Wein oder Fond dazu und erhitzen Sie ihn wieder. Damit der schwarze Graupenrisotto ein wenig appetitanregender aussieht, geben Sie kurz vor dem Servieren noch ein paar kleine Tomatenwürfel hinein. Sie brauchen Sie nicht zu enthäuten, wenn die Tomaten nur warm werden. Bei größerer Hitze oder längerer Kochzeit löst sich die Haut und bildet harte Röllchen, deswegen sollten Sie sie in dem Fall vorher in kochendes Wasser tauchen und häuten.

Wenn's soweit ist, heizen Sie den Backofen mit starker Oberhitze auf und schieben das Blech mit den Fischfilets hinein.

Wenn der Fisch goldgelb überkrustet ist, wird er auf ein flachgestrichenes Häufchen schwarzrot gesprenkelten Graupenrisotto gesetzt. Der Farbe wegen können Sie noch gehackte Petersilie über den ganzen Teller und um den Fisch herum regnen lassen.

HUHN MIT VIERZIG KNOBLAUCHZEHEN

Dieses ist ein berühmtes italienisches Rezept, das sehr einfach zuzubereiten und kaum zu verbessern ist.

Am schönsten und goldigbraun gerät der Vogel im Römertopf. Wässern Sie den Topf und legen Sie die Poularde mit allen Zutaten zusammen hinein. Nun können Sie den Topf in den Ofen schieben, den Sie auf 200 Grad aufgeheizt haben. Nach etwa 1 1/2 Stunden nehmen Sie den Topf heraus und tragen ihn zu Tisch.

Die nächstbeste Wahl ist der geschlossene Bräter, darin bleibt der Vogel aber blaß; drum sollten Sie ihn eine Viertelstunde vor Ende der Garzeit abdecken und ihm mit starker Oberhitze noch ordentlich Zunder geben. Wenn Sie zu den ganz Verwegenen gehören, erledigen Sie das mit dem Grill, aber dann müssen Sie sich für eine Zigarettenlänge vor den Herd hocken und die Sonnenbank mit scharfem Auge überwachen.

1 Poularde, für den Römertopf im Ganzen, für den Bräter in Portionsstücke zerteilt, 40 frische Knoblauchzehen, ungeschält, 1 Gläschen trockener Wermut, 1 Glas trockener Weißwein, 4 Eßlöffel Olivenöl, 1 Teelöffel Oregano, 2 Eßlöffel getrocknetes Basilikum, 1 Zitrone, 1 Prise Cayennepfeffer, Salz, frisch gemahlener Pfeffer

Waschen Sie das Huhn, trocknen, salzen und pfeffern Sie es.

Geben Sie in die Form etwas Öl, einen Teil der Kräuter und einige Knofelzehen. Verteilen Sie die Kräuter, Pfeffer, Salz und Knoblauch ins und ums Huhn herum, den Rest obenauf.

Dann beträufeln Sie alles mit Wein und Wermut und dem Saft einer Zitrone. Schälen Sie die Zitronenschale hauchdünn mit dem Sparschäler ab, schneiden sie in feine Streifen und legen sie obenauf.

Nun schließen Sie den Tontopf oder den Bräter oder decken alles fest mit Alufolie ab.

Gehackte Petersilie wird bei Tisch darübergestreut. Dazu gibt es geröstetes Brot, das Sie in letzter Minute mit in den Ofen geschoben haben. Der Knoblauch, der inzwischen ganz weich und nussig im Geschmack geworden ist, wird aus den Schalen auf die Brotstücke gedrückt, eventuell gesalzen und zu den Poulardenstücken verspeist.

FRUCHTPÜREE: DAS GESCHNATTER SÜSSER FRÜCHTCHEN

Pürieren Sie ganz nach Jahreszeit und Farbidee – oder auch wie es die Tiefkühltruhe Ihnen vorschlägt – nacheinander und getrennt Erdbeeren und Kiwis, Birnen, Blaubeeren, Aprikosen oder Himbeeren. Alkoholisieren Sie die farbigen Pürees mit Grand Marnier oder Kirschwasser, mit weißem Portwein, Rum oder Marsala. Probieren Sie, ob alles süß genug schmeckt.

Zur Intensivierung des Geschmacks ist es manchmal ratsamer, weniger Zucker, dafür aber ein paar Spritzer Zitrone zu verteilen. Die Früchte können dann auch nicht braun werden. Jetzt müssen die Pürees noch durch ein feines Sieb passiert werden.

Servieren Sie zwei Farben in zwei Suppenterrinen mit zwei Kellen. Dann können die Freundinnen selbst versuchen, den «Dialog der Früchte» in Yin-und-Yang-Form auf den Teller zu bringen, beziehungsweise die Farben mit der Gabel so ineinander zu verziehen, wie es in bunten Zeitschriften vorgeschlagen wird. Dafür darf das Püree nicht zu flüssig sein, und es muß bei geneigtem Teller erst in die eine Hälfte gegossen werden – beim Einfüllen der zweiten Farbe wird der Teller dann langsam wieder geradegehalten.

Häppchen-Menu für verwöhnte Lästerzungen

- DELIKATE ERBSENSUPPE
- CARPACCIO VOM KALB, RIND ODER STRAUSS
- MOZZARELLA PIZZAIOLA
- CREMA CATALANA

DELIKATE ERBSENSUPPE MIT UND OHNE

1 Zwiebel, 2 Eßlöffel Butter, 1/2 Liter Hühnerfond (eventuell Fertigprodukt), 200 Gramm Schlagsahne, 250 Gramm tiefgekühlte Erbsen, 1 Kressebeet, Salz, Pfeffer

Sie schneiden die Zwiebel und braten sie in Butter glasig. Dann gießen Sie Hühnerbrühe und Sahne dazu, auch die Erbsen, und lassen alles zusammen etwa 8 Minuten lang kochen. Jetzt kommt der Zauberstab zum Einsatz, und wenn die Suppe püriert ist, können Sie sie noch durch ein Sieb laufen lassen, dann ist sie extrafein.

Für die fleischfressenden Freundinnen gehören ein paar Stückchen Hähnchenleber in den Teller, die nebenbei kurz in der Pfanne gebraten und mit Pfeffer und Salz und etwas Portwein parfümiert werden.

Und falls Sie eine Porreesuppe vorziehen oder eine aus Karotten, dem Pürierstab ist alles recht, und Sie variieren nur das Gewürz und die Kochzeit.

Zu Porree und Blumenkohl paßt Muskat; Karotten und Kohlrabi vertragen sich gut mit Ingwer, und statt der Hähnchenleberstücke passen auch Streifen von geräuchertem Lachs oder Aalstückchen, und immer Weißbrotwürfel, in Butter in der Pfanne geröstet.

SCHLAGKRÄFTIGES CARPACCIO

Carpaccio bereitet die geniale Gastgeberin auch ohne Schneidemaschine und Tiefkühler vor. Kalbfleisch, Rind- oder Straußenfleisch wird in spielwürfel-

große Stücke geschnitten. Legen Sie ein Bröckchen Fleisch zwischen zwei Frischhaltefolienblätter und schlagen mit einem Plattierer, mit der flachen Seite eines schweren Hackmessers, mit einem schweren Stieltopf oder mit einem griffigen Holzbrettchen drauf. Batsch! – Eine Scheibe ist fertig.
Versuchen Sie das auch mit rohem Fisch, allerdings erfordert der noch mehr als Fleisch eine sensibel dosierte Schlagkraft, sonst wird er zu Brei, und mit tiefgefrorenem Fisch geht es sowieso schlecht.
Wenn die Scheiben rund auf dem ersten Teller angeordnet sind, stellen Sie ihn kühl und richten den nächsten an.
Vor dem Servieren streuen Sie ein paar gehackte Walnußkerne, Pistazien, Kürbiskerne oder Pinienkerne darüber, salzen und pfeffern großzügig und grob aus der Mühle und tröpfeln eine Spur von einem geschmackstarken Öl wie Kürbiskernöl oder Olivenöl darüber.

MOZZARELLA PIZZAIOLA

700 Gramm gehackte Tomaten (Pizzatomaten aus der Dose), 3–4 Knoblauchzehen, 1 Lorbeerblatt, etwa 3 Eßlöffel Olivenöl, Salz, Pfeffer, viel Oregano, pro Person 1 Mozzarella, wenn möglich aus Büffelmilch

Zunächst erhitzen Sie das Öl in einem Topf. Dann hacken Sie die Knoblauchzehen fein und lassen sie im heißen Öl kurz anbraten, aber nicht mehr als gelb werden. Schnell die Tomatenstücke dazugeben, ein Lorbeerblatt und einen halben Teelöffel getrockneten Oregano, Pfeffer und Salz. Diese Sauce kann vor sich hin köcheln und wird dabei ihren Tomatengeschmack intensivieren.

Wenn Sie noch ein wenig experimentieren wollen, streuen Sie eine Handvoll Kapern hinein oder eine Prise Zucker und spritzen ein bißchen Zitrone dazu. Das ist zwar nicht ganz nach italienischer Vorschrift, aber dort hat man schließlich bessere Tomaten, selbst in der Dose. Versuchen Sie auch einen Schuß Rotwein. Die Sauce kann fix und fertig warten.

Wenn die Mädels bereit sind für den nächsten Gang, füllen Sie für jede etwas in ein Tellerchen, setzen einen ganzen Mozzarella in die Mitte und schieben alle Teller in den Backofen unter den Grill oder in die Oberhitze. Wenn der Ofen auf 200 Grad vorgeheizt war, zerfließt der Mozzarella bald.

CREMA CATALANA

Die spanische Crema catalana ist im Prinzip das gleiche wie die französische Crème brûlée. Sie wird mit einer feinen, knusprigen Karamelschicht überzogen, die bricht, wenn man mit dem Löffel hineinsticht.

Für sechs bis acht Personen:

1/4 Liter Schlagsahne, 3/4 Liter Milch, 3 Eßlöffel Zucker, 5 Eigelb, 4 ganze Eier, 1 halben Teelöffel Vanillepulver (nicht Vanillezucker!) oder eine Stange, abgeriebene Schale einer Zitrone, brauner Zucker, 1 Stange Zimt oder eine gute Prise Zimtpulver

Die Sahne wird mit der Milch, der leeren Vanilleschote und der Stange Zimt, falls Sie kein Pulver nehmen, aufgekocht und muß ein paar Minuten lang ziehen. In dieser Zeit werden die Eier zusammen mit der Zitronenschale, mit dem

ausgekratzten Vanillemark, Zimtpulver und Zucker in einer großen Schüssel mit einem Schneebesen schaumig geschlagen. Dann gießen Sie die heiße Sahne direkt in die Schüssel mit der Eiermasse, wirbeln heftig mit dem Schneebesen darin herum und lassen alles durch ein Sieb laufen, damit keine Klümpchen zurückbleiben. Nun füllen Sie die Crema in Portionsschälchen oder in eine größere flache und hitzefeste Form und stellen sie in ein Wasserbad in den Backofen. Dafür eignet sich auch das Bratenblech mit dem hohen Rand. Nach rund vierzig Minuten bei etwa 150 Grad ist die Speise fest. Im Kühlschrank kann sie noch ein paar Stunden oder eine Nacht lang erkalten.
Bevor sie serviert wird, bestreuen Sie die Creme mit einer dünnen, aber dichten Schicht braunem Zucker oder Kristallzucker und schicken sie ganz dicht unter Ihren Backofengrill. Da karamelisiert der Zucker ziemlich schnell. Ziehen Sie gut behandschuht die Förmchen wieder hervor. Bis zum Tisch ist die Zuckerschicht hart und abgekühlt.
In manchen Restaurants karamelisieren die Köche auch mit einer Lötlampe oder einem Bunsenbrenner, das sieht sehr kühn und fesch aus. In Barcelona gibt es spezielle Brenneisen an langen Stangen, die man über der Gasflamme heizt und dann zischend und rauchend über den Zucker gleiten läßt. Wie auch immer – Hauptsache, der Zucker karamelisiert.
Aus **Schlampensicht** überzeugend ist die Tatsache, daß man diese Speise vorbereiten kann, daß sie kinderleicht herzustellen ist und auch ohne Zuckerschicht mit Fruchtpüree gut schmeckt.
Die Crema catalana schmeckt besser, je mehr von der Milch durch Schlagsahne ersetzt wird, das muß gesagt werden; aber die Figur aller Katalanen wäre längst hin, wenn sie die Crema nicht ab und zu hüftschonend sogar aus 1 Liter Milch, mit 2 Eßlöffeln Maisstärke angedickt, und mit weniger Eiern zubereiten würden.

Essen direkt vor der Glotze

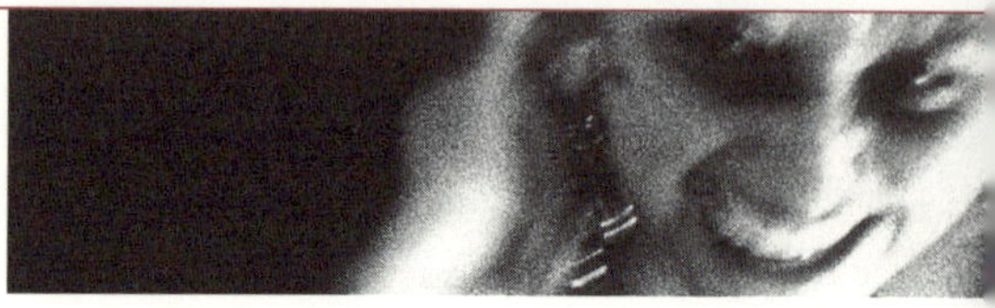

Ob nun Rockys großer Kampf bevorsteht oder irgendein Schmalzfilm wiederholt wird, auch Fernsehen ist in Gesellschaft viel schöner. Laden Sie liebe Freunde zu einem Essen vor dem Fernseher ein, dann brauchen Sie sich um Tischsitten oder ein besonderes Menu nicht zu scheren:

denn die gemeinsam begangene Sünde ist ja nur dann der Rede wert, wenn das Bier aus Flaschen getrunken und das Essen verschlungen werden darf,

ohne daß man hingucken muß – wie es jeder Erwachsene und Jugendliche am liebsten tut, wenn er darf oder allein ißt.

Am bequemsten ist es, wenn Sie für die versammelte Banausengesellschaft eine Riesenpizza ordern, die ein Bote vorbeibringt, Bier, Wein, Gläser und Servietten bereitstellen und dafür sorgen, daß alle in der ersten Reihe sitzen können.

Oder Sie bieten ein paar Snacks und Fingerfood an, das man auch im Dunkeln ertasten kann.

FINGERFOOD: ÜBERBACKENE TÖRTCHEN

Ein sehr praktisches Gerät für die rasante Küchenfee ist das Muffin-Blech mit 6 bis 12 tiefergelegten Backformen für schnelle Törtchen.
Nehmen Sie tiefgekühlten Blätterteig, oder kneten Sie einen kleinen Ball Schmalzteig oder Mürbeteig, und rollen Sie ihn dünn aus. Stechen Sie runde oder schneiden Sie unrunde Teller aus.
Die Förmchen werden liebevoll mit Fett ausgepinselt, dann drücken Sie die Teigtellerchen hinein. Nun können die Förmchen mit allerlei Zutaten gefüllt werden und im Ofen backen, bis der Teig knusprig aussieht.
Wenn es sehr lecker schmecken soll, gießen Sie noch eine kleine Menge Eiersahne darüber.

SCHMALZTEIG

200 Gramm Schmalz, 300 Gramm Mehl, 1 Schluck Wasser, 1 Ei, 1 Prise Salz werden ganz schnell miteinander verknetet.

Den Teig eine halbe Stunde kühl ruhen lassen, bevor er auf einem bemehlten Brett ausgerollt wird. Nimmt man Butter statt Schmalz, wird es ein Mürbeteig, der gezuckert und süß gefüllt werden kann, mit Obst, Kompott oder Creme.

EIERSAHNE

Nehmen Sie ein großes Ei oder zwei kleine und genausoviel Sahne. Würzen Sie mit Pfeffer, Salz, eventuell mit Muskat, Knoblauch oder Kümmel, vielleicht geriebenem Käse, und wirbeln Sie alles kurz mit dem Schneidstab durch.

Variationen für die Füllung

1. Braten Sie Zwiebeln mit Speck an und füllen damit die Törtchen.
2. Auch eine Frikadelle von der Imbißbude kann zerratscht werden und mit jeder Art von Käse und Frühlingszwiebelröllchen ein neues Outfit kriegen.
3. Würzen Sie gebratenes Hack mit Ingwer und Frühlingszwiebeln. Dazu paßt die fertige süßscharfe Chilisauce aus der Flasche.
5. Sie schneiden Porree in Ringe, blanchieren ihn kurz in kochendem Salzwasser und betten eine Garnele dazu.
6. Packen Sie Sauerkraut in die Form, aus der Dose, gut gekümmelt und mit Speck gedünstet.

SÜSS-SALZIGER SNACK

Getrocknete Aprikosen, Feigen und entsteinte Pflaumen, Frühstücksspeck in dünnen Scheiben

Die dünnen Speckstreifen, die Sie sich mit der Maschine beim Metzger von einem schönen, durchwachsenen Stück Speck abschneiden lassen können, gibt es auch im Supermarkt als Bacon fertig abgepackt zu kaufen. Halbieren Sie diese Streifen, wickeln je eine Hälfte um eine kleine, getrocknete und entkernte Frucht und piken sie mit einem hölzernen Zahnstocher fest. Füllen Sie mit den umwickelten Schrumpelfrüchten ein ganzes Blech und lassen dieses so lange im Ofen bei großer Hitze, bis der Speck ausgelassen und knusprig braun ist.

Falls Sie ein Freund der Mikrowelle sind – hinein damit. Zehn Stück auf einem Teller sind gleich fertig. Der Speck wird sekundenschnell knusprig, die Früchte blähen sich ein wenig auf, die ganze Menge ist fix fertig und kann auch ebenso schnell wieder aufbereitet werden. Legen Sie unbedingt saugfähiges Papier darunter, sonst klappt es nicht. Oder Sie brutzeln sie portionsweise und verteilen sie gleich zum ersten Begrüßungsschluck auf einem Tablett. Während eine Portion vernascht wird, brutzelt die andere.

LEBERMUS-CROSTINI

Kalbsleber oder Geflügelleber, Portwein, Pfeffer und Salz

Die Leberscheiben sollen dünn sein. Wenn sie zu dick sind, schneiden Sie sie in Würfel. Sie werden nur kurz von allen Seiten angebraten, so daß sie gerade eben gar sind, aber nicht mehr blutig.
Dann geben Sie sie in einen Mixer, pfeffern und salzen, gießen einen Schuß Portwein dazu und legen den Schalter um. Im Nu ist alles zu einem feinen Mus zerratscht, das Sie auf geröstetes Bauernbrot streichen.

SCHAFSKÄSECREME FÜR FLADENBROTE

1 Stück Schafskäse in der Lake, Vollmilchjoghurt, Knoblauch, 1 Tütchen Mandelstifte, grüne, entsteinte Oliven, Pfeffer und Salz

Geben Sie Schafskäse zusammen mit so viel Joghurt in den Mixer, daß der bröckelige Käse zu einer glatten Creme wird; dann kommen die Mandelstifte

und die entsteinten Oliven hinterher. Lassen Sie den Mixer nur noch einmal kurz aufheulen, die Oliven sollen nicht zermust werden. Knoblauch, nicht zu knapp, wird durch eine Presse gedrückt und unter die Käsemasse gerührt.
Weitere Cremes erhalten Sie, wenn Sie Porree oder Frühlingszwiebeln mit dem Käse zerkleinern, auch eingelegte Tomaten und Thunfisch aus der Dose harmonieren mit Schafskäse.

FRECH VOM BLECH

2 bis 3 Pakete Tiefkühl-Blätterteig, je nachdem wie groß Ihr Backblech ist, 8 Eier, 250 Gramm Schlagsahne, 200 Gramm Cheddar oder Gouda, 3 große, gewürfelte Tomaten

Legen Sie das Backblech mit den Blätterteigscheiben aus, und drücken Sie die Ränder aneinander. Stechen Sie mit einer Gabel gleichmäßig Löcher in den Teig, und backen Sie ihn im vorgeheizten Ofen bei 220 Grad zehn Minuten lang. Nicht länger.
In dieser Zeit verquirlen Sie die Eier mit der Sahne, geben den grob geraspelten Käse dazu und alles, was Sie noch an Interessantem im Schrank entdecken: zum Beispiel gehackte Frühlingszwiebeln und eine Dose Bohnen oder Maiskörner und Salamischeiben oder einfach nur Tomatenscheiben.
Verteilen Sie die Mischung über die Teigfläche, pfeffern und salzen Sie kräftig, und schieben Sie das Blech für etwa eine halbe Stunde in den mitterweile auf 175 Grad abgekühlten Backofen, jedenfalls so lange, bis er hellbraun ist. Streuen Sie ein wenig Oregano darüber.

TV-DATTELN

In den Wintermonaten gibt es frische Datteln aus der Türkei. Schneiden Sie sie der Länge nach auf, prokeln Sie den länglichen Kern heraus und füllen die Feige mit Frischkäse. Schafskäse ist noch pikanter. Richten Sie die Leckerli auf grünen Salatblättern an und piken Sie einen Zahnstocher in jede Frucht. Das ist eine nette und leicht zu ertastende Nebenbei-Nascherei.

ERBSENPÜREE MIT KÄSE-CROSTINI

Dieser frische Dip kann auch als eine Art homogener Salat durchgehen.

700 Gramm tiefgekühlte Erbsen,
8—10 Scheiben Toastbrot, 50 Gramm Butter,
geriebener Käse, 1/2 Glas Milch,
4 Eßlöffel Sahne, 1 Bund Pfefferminz,
Salz, Pfeffer

Lassen Sie die aufgetauten Erbsen durch Ihre Küchenmaschine sausen und gießen dabei ein wenig Milch dazu, so daß es ein feines Püree wird.
Dann füllen Sie die Masse in einen Topf, salzen, pfeffern, gießen Milch und Sahne dazu und rühren die gewaschene, abgezupfte und zerhackte Pfefferminze darunter. Nun können Sie alles unter stetigem Rühren auf schwacher Hitze erwärmen.
Entrinden Sie die Toastbrotscheiben, wenn Sie wollen, und schneiden Sie die Quadrate in je zwei Dreiecke. Butter drauf und geriebener Käse, ein bißchen grober Pfeffer, und ab unter den Grill. Richten Sie nun den Dip mit den gerösteten Brotstücken jeweils auf Tellern an oder plazieren alles auf einer großen Platte. Der köstliche Dip wird mit den Brotstückchen gelöffelt.

Intimes Essen für zwei

Kulinarische Liebeserklärungen

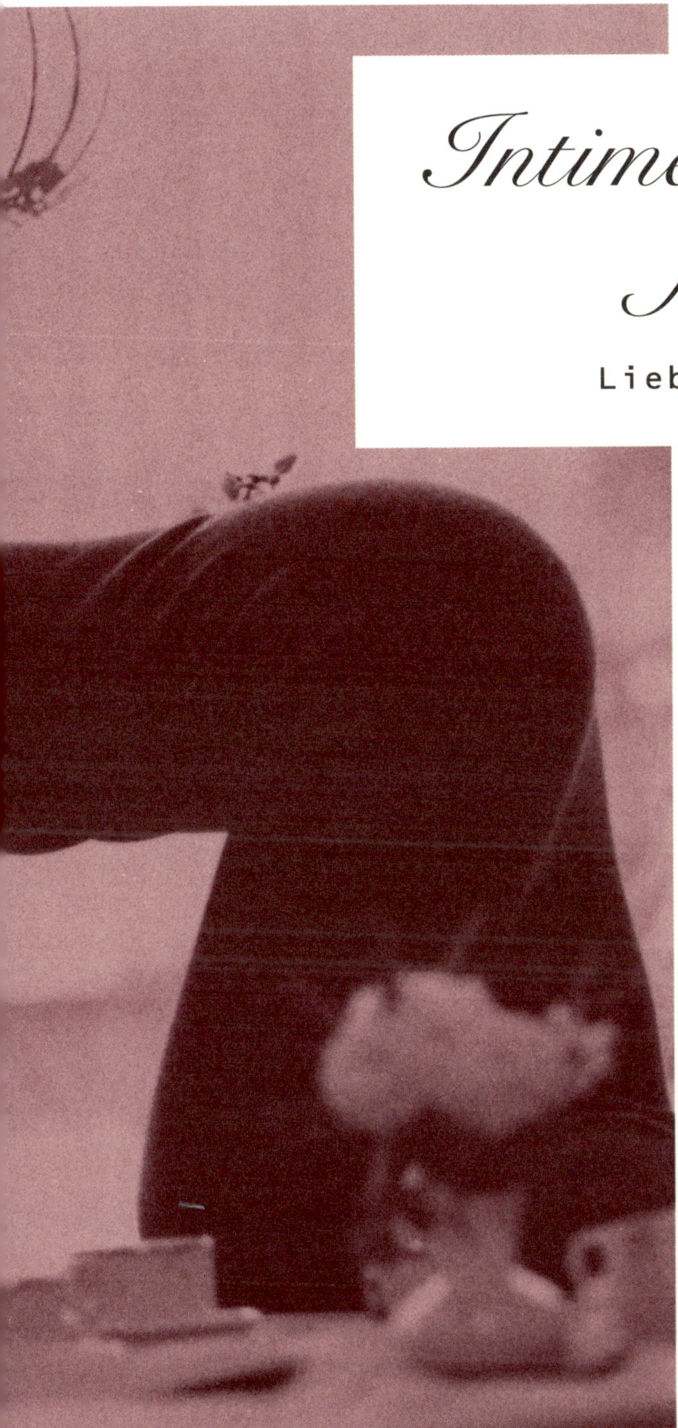

Es gibt Gerichte, die schmecken nicht etwa darum, weil jemand sie besonders sorgfältig zubereitet hat, sondern weil sie mit ganz speziellen Zutaten angereichert wurden, nämlich mit süßem Verlangen, Leidenschaft und Heimlichkeit.

Diese Zutaten beeinflussen die Stimmung der Esser ganz gehörig, denn ob Essen und Trinken allein die Libido anregt oder gar die Potenz steigert, ist sehr fraglich, doch mit Anmut, Witz und Raffinesse dürfte sich eine sinnliche Frau oder ein begehrlicher Mann wohl antörnen lassen.

Gehobelte Trüffeln allein bewirken bestimmt nicht viel, aber das Trüffelomelett, von einem wollüstigen Menschen mit Wein liebevoll serviert, wird es bringen.

In sehr vielen Rezeptbüchern, ob aus der Antike und der Mythologie oder aus modernen Zeiten, finden Sie Rezepte, die ausschließlich der erotischen Stimulierung von Männern dienen. Zwar haben Frauen alle Liebesmittel erfunden, aber es galt immer, die Lust der Männer zu entfachen, ihre Leidenschaft und ihre Potenz. Frauen hatten das anscheinend nie nötig. Glaubt man den alten Überlieferungen, wirkt bei ihnen sowieso nur Federvieh; doch nach neueren Erkenntnissen sollen auch Diamanten weibliche Wangen zum Glühen bringen.

Ein fettiger Finger, mit einem Diamanten beringt, der ein Hühnerknöchelchen (mit null Potenzwirkung) zum lackroten Mund führt, entfaltet durchaus eine geheimnisvolle, erotische Kraft, nicht nur für den Betrachter.

Auch Frauen wollen angeschärft werden. Der Hase als Spielgefährte der Aphrodite und als Frühlingssymbol gehörte in

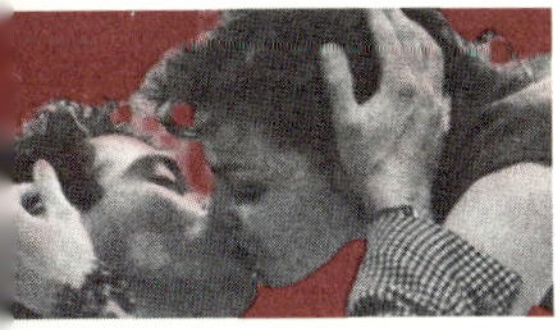

vielen Kulturen zu den Tieren, die am stärksten weibliche libidinöse Gefühle symbolisieren. Und zwar muß es das streng duftende, wilde Tier sein.
Wenn Magie und Vorstellungskraft die Liebe beflügeln sollen, braucht ein verliebter Mann also einen frischen Wildhasen. Wenn er ihn nicht erlegen kann und auch in keiner Tiefkühltruhe ein Schenkelpaar oder gespickter Rücken vorrätig ist, muß er eben doch das bleichfleischige, geschmacksgezähmte Karnickel nehmen, das fade Teil zu einem erotisch tauglichen Wildhasen umwürzen und seinen eigenen magischen Kräften vertrauen.

Seien Sie großzügig mit Gewürzen, die das innere Feuer entfachen, mixen Sie für den Anfang einen raffinierten Cocktail, oder schlürfen Sie perlenden Champagner,

auch manch ein narkotisierendes Kraut hat deutliche Beflügelungswirkungen. Und Kerzen zaubern einen guten Teint und sanfte Züge ins Gesicht. Schaffen Sie Eindrücke von Liebe und Geborgenheit, Festlichkeit und Glanz, die als Bilder im Kopf haften bleiben, und geben Sie der Szene einen unverhohlen erotischen Touch. Das macht an. Auch Frauen.
Ein Mann, der einer Frau imponieren will, legt ihr einen klitzekleinen Blumenstrauß auf den Teller, Gänseblümchen sind schon fast zu groß. Der Strauß soll gerade halb so lang wie ein kleiner Finger sein, üppig gebunden wie ein breiter Biedermeierstrauß, aber nur aus winzigen Glöckchen, Gräsern und Halmen bestehen. Mit Schleifchen. Wenn sie kein ganz harter Brocken ist, wird sie das zu Tränen rühren, in die Knie zwingen und umwerfen.

Einladung an einen oder eine, den/die es rumzukriegen gilt

Schreiben Sie eine Einladung zu einem erotischen Dinner auf Eßpapier (siehe Seite 99).
Ein paar Frivolitäten erfreuen den Schatz bestimmt. Versprechungen lassen sich schnell hinunterschlucken, falls es nötig wird, und sind dann nicht mehr zu beweisen.

SÜNDIGES GESÖFF

2 weiße Pfirsiche, Apricot Brandy oder Grenadine, Champagner

Die Pfirsiche werden im Mixer püriert. Lassen Sie 2 bis 4 Eiswürfel gleich mit durchschnurren. Sie schütteln 2 Eßlöffel von diesem eisigen Pfirsichpüree mit einem Schuß Apricot Brandy oder Grenadine zusammen, verteilen es auf zwei Gläser und füllen mit Champagner auf. Das läßt die Augen funkeln.

ROHER FISCH, JAPANISCH

Im japanischen Feinkostgeschäft oder in der Asien-Abteilung des Supermarktes bekommen Sie helle japanische Sojasauce und Wasabi (grüner Meerrettich in Pulverform oder aus der Tube) sowie eingelegten Ingwer.
Lachs und andere Edelfische sind berühmt für ihre potenzsteigernde Wirkung. Allerdings sollten wir dem Fisch nicht die Schuld geben, wenn es mal nicht klappt.
Je zwei Stücke Filet vom Zander, Lachs oder Thunfisch, ohne Haut, reichen für zwei Lüstlinge. Diese Stücke werden roh in dünne Streifen geschnitten und adrett auf einem Tablett angerichtet, zusammen mit zwei haselnußgroßen Knubbeln grünem Meerrettich, der teuflisch scharf ist, und zwei Häufchen blättrig geschnittenem, eingelegtem Ingwer. Dazu bekommt jeder ein Näpfchen mit Sojasauce und natürlich – We are so global! – ein Paar Stäbchen. Damit schnappen Sie nun ein Scheibchen Fisch, reiben es am Merrettich, tauchen es in die Sojasauce und schlotzen ihn roh weg. Das macht Spaß und trainiert die Feinmotorik.
Zur Gabel greifen nur Ungeduldige, und die taugen im Bett auch nichts.
Dieser rohe Fisch ist ungemein erregend, süßscharfer Ingwer sowieso, Champagner dazu kribbelt, und alles zusammen macht süchtig auf immer mehr, und dann genau sollte der Fisch weggeputzt sein.

Verführerische Vorspeisen

- **Roher Fisch, japanisch**
- **Schicke Schnecken**
- **Gierlappen, indisch**

SCHICKE SCHNECKEN

Weinbergschnecken gibt es im Döschen zu kaufen, sie liegen in einem unerotischen Sud, der für die schicken Schnecken am Spieß – en brochette – nicht

gebraucht wird. Wickeln Sie die vorgekochten Schnecken in dünne Frühstücksspeckscheiben und spießen Sie sie auf Zahnstocher.
Dann legen Sie sie in eine Pfanne und rösten sie gleichmäßig von allen Seiten bei gleichbleibender, starker Hitze. Dazu paßt ein warmes Baguette-Brot und eine Kräuterbutter mit wenig Knoblauch, aber viel frischer Petersilie. Das ist eine feine, delikate und anregende Speise.

GIERLAPPEN, INDISCH

Eine Aubergine wird der Länge nach in dünne Scheiben geschnitten, die in einer Mischung aus Mehl, Salz und einem Ei paniert und nacheinander in Öl ausgebacken und auf einem Papiertuch abgetropft werden. Dann nimmt man Tahin, das ist Sesampaste, die es im Glas zu kaufen gibt. Sie ist im Orient berühmt für durchblutungsfördernde Eigenschaften im Unterleib. Man mischt sie mit durchgepreßtem Knoblauch, Salz und Joghurt, damit sie etwas geschmeidiger wird, streicht sie auf die langen Auberginen-Zungen und rollt sie auf. Mit Zahnstochern feststecken und vor dem Servieren im Ofen wieder aufheizen. Die Röllchen schmecken lecker und haben in sich, was uns anmacht.

Hauptgerichte, ganz heiß angerichtet von ihm für sie – oder umgekehrt

- Selleriepüree mit wildem Wild
- Hummer für Schürzenjäger
- Geile Garnelen
- Für Draufgänger: Garnelen mit Ingwer und Zimt

SELLERIEPÜREE MIT WILDEM WILD

Männer soll die dolle Knolle immer schon stimuliert haben. Wie sie auf Frauen wirkt, ist in der Literatur nicht erwähnt. Die Knolle wird halbiert, mit der Fläche auf ein Brett gelegt und nun ganz einfach mit dem Messer von den Fingern weg in Richtung Brett geschält, in dicke Stücke geschnitten und in gesalzenem Wasser gegart. Wenn der Sellerie weich ist, lassen Sie ihn etwas abkühlen und drücken in einem Tuch oder Sieb das Wasser aus ihm heraus. Dann wird er mit dem Mixer oder dem Zauberstab püriert, mit Salz, Pfeffer und ordentlich Muskat gewürzt und mit einem Schwung Schlagsahne geglättet. Ein paar Spritzer Pernod im Püree schmecken umwerfend. Das genügt für einen Mann; der Frau sollten Sie vorsichtshalber noch etwas Wild zu nagen geben, ein Rehfilet oder Hasenfilet, schnell in heißer Butter gewendet, gesalzen, gepfeffert und mit ein paar Preiselbeeren garniert. Aber das Fleisch muß noch etwas blutig sein, wenn es wirken soll. Das Fleisch wird auch ihm nicht schaden.

HUMMER FÜR SCHÜRZENJÄGER

Je ein 400–500 Gramm schwerer
Hummer (oder ein halber größerer), frisch
gemahlener Pfeffer und Salz

Frischer Atlantikhummer wird fachgerecht erledigt – kopfüber zehn Minuten lang in sprudelnd kochendem, gut gesalzenem Wasser. Dann lassen Sie ihn weitere zehn Minuten ziehen.

Holen Sie ihn aus dem Topf und halbieren Sie ihn mit einem schweren Messer auf dem Rücken der Länge nach: Brechen Sie zuerst die Scheren ab, dann setzen Sie das Messer mit der Spitze unterhalb des Kopfes an, stechen hindurch und teilen den Hummerschwanz. Drehen Sie das Tier um, und zerteilen Sie nun mit kräftigem Druck den Kopf. Die Scheren schlägt man mit einem Messerrücken oder mit dem Hammer auf, knackt sie mit dem Nußknacker an oder mit der Profi-Hummerschere, läßt sie aber ganz.
Der Hummer kann kalt gegessen werden mit einer Mayonnaise (siehe Seite 174) oder einer Cocktailsauce, die aus süßer Schlagsahne, Ketchup, Cognac, Limonensaft und Tabasco zusammengerührt wird, oder Sie bestreichen die Hummerhälften dünn mit körnigem Pommerysenf, legen Butterflöckchen drauf und schieben den Hummer für ein paar Minuten unter den heißen Backofengrill, wo er kurz angesengt und dann ausgegabelt wird. Mit Baguette und eiskaltem Champagner oder Sancerre.
Manche in Seewasser tiefgefrorene Modelle sind nach Weihnachten billig zu haben und schmecken gar nicht schlecht, obwohl nichts über einen frisch zubereiteten Hummer geht. Töten sollten Sie den Hummer jedoch vorher oder hinterrücks, wenn Ihr Schatz sensibel ist. Hummer macht auf jeden Fall Eindruck, und ein Liebling fühlt sich verwöhnt.

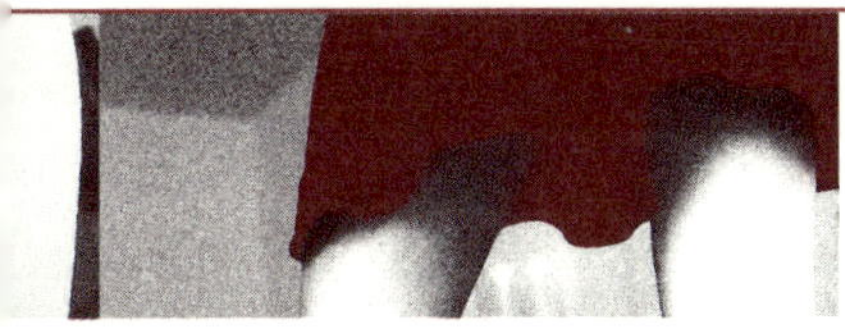

GEILE GARNELEN

Zwiebeln, Knoblauch, Olivenöl, 50 Gramm Champignons, getrockneter Oregano, Weißwein, Pernod

Ein paar Schalotten oder eine Zwiebel und etwas Knoblauch werden feingehackt und in Öl angedünstet, bis alles glasig und weich ist. Geben Sie eine Handvoll halbierte Champignons zu den Zwiebeln in die Pfanne, salzen, pfeffern und schmecken Sie mit Oregano und mit einem Glas Weißwein ab. Das alles soll ein paar Minuten dünsten, dann kommt noch ein guter Schuß Pernod dazu. Nun geben Sie die Riesengarnelen in die Pfanne. Wenn sie schon rot sind, werden sie nur noch kurz erwärmt, wenn sie noch glasig-bläulich sind, dünstet man sie, bis sie rot sind und das Fleisch fest und weiß ist. Schmeckt geil, macht geil, alle beide.

FÜR DRAUFGÄNGER: GARNELEN MIT INGWER UND ZIMT

Fetzen Sie im Mixer einen Dip aus Joghurt, einem Stück süß eingelegtem Ingwer, Zitronensaft, einer reichlichen Prise Zimt, Salz und Zucker zusammen. Dazu werden Riesenscampi oder Garnelen oder Shrimps in Butter gebraten, gesalzen, gepfeffert und mit Zitronensaft bespritzt.
Die orientalische Würze des Dips besitzt, obwohl er kalt ist, erotische Überzeugungskraft. Behaupten jedenfalls die Leute aus dem Morgenland.

Tirami sopra oder Das Dessert

- Mango-Tango
- Süße Überraschung
- Für die Nacht: Schlimmer Schampus

Vielleicht verzichtet er ja erst mal auf die Nachspeise. Vielleicht fegt er sie gar zur Seite. Wenn er das tut, können Sie ihn unbesorgt auf der Stelle über den Tisch ziehen. Ein halbes Stündchen später schmeckt das Dessert immer noch.

MANGO-TANGO

Mango und Papaya sind die Paradiesfrüchte schlechthin.

Pürierte Früchte, mit etwas Grenadine gewürzt, können direkt aus dem Bauchnabel geschlürft werden. Das soll bei beiden Geschlechtern wirken, bei Hetero- und Homo-Konstellationen.

SÜSSE ÜBERRASCHUNG

Kaufen Sie tiefgekühlten Frühlingsrollenteig aus dem Asien-Shop oder eingeschweißte dünne Teigblätter aus dem türkischen Geschäft, und füllen Sie die Blätter süß mit Birnen oder Äpfeln, Mandelstückchen und Rosinen oder frischen Exoten oder den abgetropften süßen Früchten aus der Dose.

Sportive Schlampen schlagen dazu eine kleine Zabaione (siehe Seite 181) aus dem Handgelenk mit Schnaps, aber es paßt auch ein bißchen Marmelade, erwärmt und mit Alkohol und Chilipulver verflüssigt und verschärft, oder fertige Vanillesauce.

Packen Sie doch eine freche Botschaft, auf ein Zettelchen geschrieben, hinein, oder doch: einen Diamanten.

FÜR DIE NACHT: SCHLIMMER SCHAMPUS

2 Schnapsgläser Orangensaft pro Glas (frischgepreßt natürlich) werden mit eiskaltem Champagner aufgefüllt. So einfach das Rezept auch ist, es liegt immer eine weitere, kleine Sünde in der Luft, solange ein gefülltes Glas neben dem Bett steht.

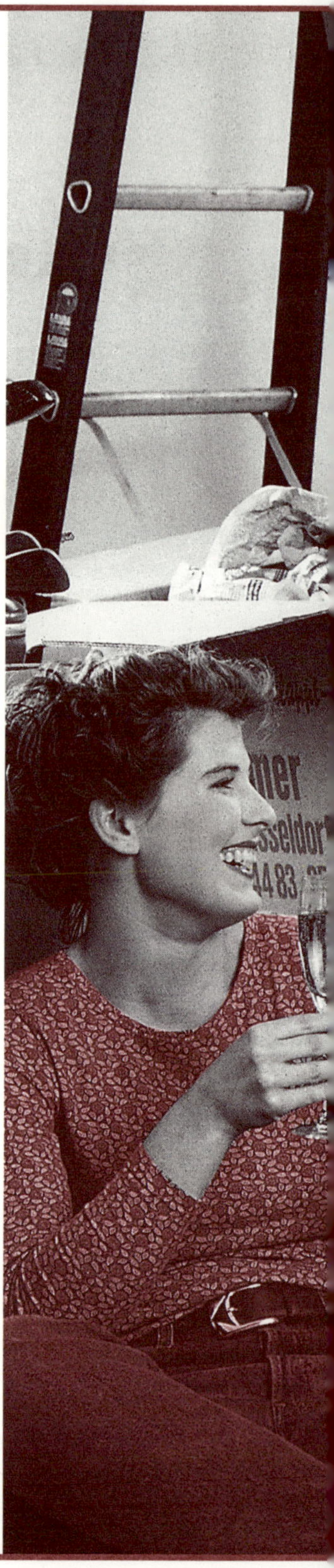

House-warming

Essen am Tapeziertisch

Der Herd ist in den Wohnungen meistens schon eingebaut und funktioniert hoffentlich; bei der Spülmaschine ist das nicht so sicher. Dennoch ist gerade ein Umzug eine gute Gelegenheit, unter mildernden Umständen den großen Tanz zu wagen, denn Perfektion erwartet niemand.

Was soll eine farblich raffinierte Tafeldekoration, wenn noch Farbeimer herumstehen und man über Leitern und Latten stolpert? Schaffen Sie lieber erst einmal Platz. Hauptsache, die Stereoanlage steht, denn es geht allein darum, die noch kahle, ungemütliche Wohnung zu beleben, mit good vibrations zu füllen und zwischen den nackten Wänden einen Sinn für das neue Zuhause zu entwickeln.

Dazu gehört, daß die Küche ausprobiert wird.

Dosenweise Erbsensuppe mit Würstchen vom Pappteller oder einen Berg von Pizzaschachteln, dazu das Bier aus der Flasche? Das wäre eine Möglichkeit, aber denken Sie daran, wie der Schachtelberg und die Dosensuppe am nächsten Morgen riechen!

Vergraulen Sie die Hausgeister nicht gleich, sondern besinnen Sie sich auf etwas Raffinesse.

Wenn der Herd noch nicht funktioniert, können Sie Freunde bitten, die Vorbereitung der Speisen zu übernehmen. Der Rest wird gekauft.

Als Hauptereignis eignet sich am besten ein Eintopf, der in großen Schüsseln auf den Tisch kommt. Das kann durchaus ein Studentenfutter wie Chili con carne sein oder ein Kartoffelsalat mit Würstchen … aber das kennen nun schon alle?

Dann bieten Sie ein kleines, deftiges Buffet. In dessen Mittelpunkt stehen ein prächtiger Braten, eine große Schüssel mit Ratatouille und der Brotkorb mit verschiedenen Brotsorten –

so sind alle, Fleischfresser wie Veggies, ausreichend bedient.

Statt einer Ratatouille können Sie auch Zwiebeln vom Blech oder Kartoffeln vom Blech servieren. Das sind Gerichte, die von allein garen oder von Gästen mitgebracht und in der neuen Wohnung nur in den Herd geschoben werden. Bei zwanzig Personen sollte außerdem noch ein Teller mit verschiedenen Käsestücken her, eventuell eine Platte mit verschiedenen Räucherfischen – lassen Sie beim Einkauf Ihren Blick auch über die eingeglasten, süßsauren Fischkonserven aus Skandinavien schweifen.

Dazu je ein Kasten Mineralwasser, Bier und Wein, und die Party kann steigen.

SAFTIGER BRATEN, DER ALLEIN KLARKOMMT

Einen frischen Rollbraten macht Ihnen der Metzger aus einem großen Stück Nacken oder Schulter zurecht. Bringen Sie ihm die Gewürze gleich mit, denn er soll Ihnen ja adrett den Strick um das gefüllte Stück binden.

Oder Sie lassen sich von ihm ein elastisches Netz mitgeben, in das Sie den gewürzten und gerollten Nackenbraten dann selbst reinzwängen können. Ein Schulterbraten oder Schinken allerdings braucht wegen der sperrigen Schwarte eine strenge Schnur, die wie beim Paket gezurrt wird und ihm eine gleichmäßige Rollfigur verpaßt.

Die Mischung für die innere Würze besteht ungefähr aus

5 Knoblauchzehen, 1 Teelöffel grob gemahlenem Pfeffer, 1 Teelöffel Salz, Rosmarin, 2 Lorbeerblättern

Der Knoblauch ist frisch, die Gewürze auch, und bitten Sie den Metzger, die Rolle innen und außen großzügig damit zu bestreuen. Zu Hause heizen Sie dem Ofen ordentlich ein, legen das würzige Stück hinein und lassen es etwa drei Stunden drin, je nach Größe und Gewicht.

Faustregel: 1 Pfund Schweinebraten braucht 20 Minuten Garzeit, dann ist auch die Kruste knusprig, und wenn Sie mit einem langen Schaschlikspieß ins Innere des Bratens piksen, sollte der austretende Saft nicht mehr rosa, sondern ganz hell und klar sein.

RUND UM DEN BRATEN: RATATOUILLE

Ratatouille ist ein sehr einfach herzustellendes, sehr schmackhaftes Gemüseschmorgericht, das gut zum Schweinebraten paßt, auch lauwarm und sogar kalt noch schmeckt und für die Vegetarier unter unseren Freunden mit einem Stück Baguette eine komplette Mahlzeit darstellt – wenn Sie genug davon vorbereitet haben.

Olivenöl, Salz, Pfeffer, nicht unter
6 Knoblauchzehen, Basilikum, frisch oder
getrocknet, Oregano, grüne, rote, gelbe
Paprika, Auberginen, Zucchini, Tomaten
(auch Dosentomaten), Gemüsezwiebeln,
Rosmarin, Thymian

Wieviel von den einzelnen Gemüsen Sie nehmen, ist egal – mal wird es grüner im Topf, mal röter. Hauptsache, Sie sind nicht kleinlich mit Knoblauch, Pfeffer, Salz und Gewürzen.

Eine Ratatouille können Sie schon am Vortag zubereiten und aufwärmen, wenn die Gäste kommen; Sie können sie im Twist-off-Glas gut zu einem Picknick oder als Gastgeschenk mitnehmen. Heiß eingefüllt und mit Olivenöl bedeckt, hält sie sich bis zu zwei Wochen lang im Kühlschrank. Also schaffen Sie so viel Gemüse herbei, wie Sie tragen können, und füllen Sie gleich ein, zwei Töpfe. Die Paprikaschoten werden aufgeschnitten, die Kerne und die weißen Stege entfernt; das Fruchtfleisch wird in Stücke geschnitten. Die Zucchini schneiden Sie in ähnlich große Stücke, die Zwiebeln werden grob gewürfelt, der Knoblauch wird gehackt. Schneiden Sie die Auberginen in Würfel und streuen Sie *kein* Salz darüber. Bei einer Ratatouille ist das nicht nötig.

Füllen Sie nun großzügig Olivenöl in eine große Pfanne. Lassen Sie das Öl sehr heiß werden und braten Sie zuerst die Zwiebeln, bis sie anfangen zu bräunen; in diesem Moment geben Sie den Knoblauch dazu. Der darf nur gerade eben Farbe anziehen, dann nehmen Sie ihn samt den Zwiebeln mit einer Schaumkelle aus der Pfanne heraus und füllen beides in einen geräumigen Bräter.
Nun braten Sie die Auberginenwürfel, die Paprika- und Zucchinistücke in der Pfanne an, bis sie einen braunen Rand bekommen, und streuen Salz und Pfeffer darüber. Geben Sie alles, auch das Tomatenfleisch aus der Dose, in den Schmortopf, deckeln ihn und lassen das Ganze bei milder Hitze 20 Minuten ziehen.
Danach kann die Ratatouille verzehrt werden. Heiß oder (im Sommer) kalt, mit einer guten Portion frischem und feingeschnittenem Basilikum.

ZWIEBELN VOM BLECH, ROTWEISS

Auch dies ist eine Beilage zum Braten, die gut aussieht und schmeckt, wenig Arbeit macht und auch kalt genießbar ist, denn sie ist nicht fett. Kaufen Sie möglichst gleich große rote und weiße Zwiebeln, oder nur von einer Farbe. Meist büßen die roten Zwiebeln beim Garen zwar ihre schöne Farbe ein, aber ein wenig heben sie sich von ihren weißen Schwestern doch ab.

15 rote und 15 weiße Zwiebeln (oder 30 von einer Sorte), 5 Eßlöffel Rosinen, in Marsala oder Portwein oder einem anderen süßen Wein eingeweicht, 5 Eßlöffel Pinienkerne, Olivenöl

Das reicht für 15 bis 20 Gäste. Als erstes legen Sie die Rosinen in Marsala ein. Dann schälen Sie die Zwiebeln, stellen sie ganz eng nebeneinander in eine Braten- oder Auflaufform, übergießen sie gleichmäßig mit Olivenöl und streuen Salz darüber.
Die Form kommt nun für eine halbe Stunde in den 180 Grad heißen Backofen. Dann streuen Sie die tropfnassen Rosinen und die Pinienkerne zwischen und über die Zwiebeln, geben noch einen kräftigen Schluck von dem Einweich-Wein über das Ganze und drehen kräftig Ihre Pfeffermühle darüber. Klappe zu, Eieruhr auf eine halbe Stunde stellen, und die Zwiebeln vergessen. Wenn die Uhr schrillt, können Sie die Temperatur auf 140 Grad herunterschalten und sich wieder anderen Dingen widmen. Die Zwiebeln sind bereits fertig, aber sie nehmen es nicht übel, wenn sie jetzt noch bis zu zwei Stunden im Ofen bleiben; dann werden sie butterweich und lassen sich sogar zart aufs Brot streichen.

BLECHKARTOFFELN MIT KNOBLAUCH UND LORBEER

Diese Kartoffeln, eine weitere gute Beilage zu Fleisch oder Fisch – und mit einem Salat ein Hauptgericht –, schmecken heiß am besten. Sie können Sie auf einem großen Blech garen lassen; dann reichen Sie das Blech herum und schieben den Rest noch einmal in den nachheizenden, abgestellten Ofen. Oder Sie garen sie in einem großen Bräter und stellen ihn, nachdem sich alle davon genommen haben, mit Deckel auf ein leise glimmendes Stövchen. Wahrscheinlich aber werden diese Kartoffeln ohnehin sehr schnell verputzt, frisch und heiß, so gut sind sie.

50–60 kleine Kartoffeln für 20 Personen und genauso viele Lorbeerblätter, 15–20 Eßlöffel (150–200 ml) Olivenöl, 10 Knoblauchzehen, grobes Meersalz, wenn Sie haben, sonst Salz, frisch gemahlener schwarzer Pfeffer

Die Kartoffeln werden im Spülbecken gewaschen und, wenn nötig, abgebürstet. Sie trocknen sie ab und schneiden sie der Länge nach tief ein, aber möglichst nicht durch. In jeden Spalt stecken Sie ein Lorbeerblatt. Nun legen Sie die Kartoffeln auf ein Blech oder in einen Bräter, schälen die Knoblauchzehen und pressen sie zu den Kartoffeln. Sie salzen, pfeffern, gießen das Öl darüber und wälzen alles schön um, damit alle Kartoffeln mit Knoblauch und Öl überzogen sind.

Es schadet nichts, wenn Sie noch ein paar ungeschälte Knoblauchzehen mit zu den Kartoffeln geben: Es gibt Gäste, die zuzeln die begeistert mit aus.

Heizen Sie Ihren Backofen auf 200 Grad vor und stellen Sie nach einer Viertelstunde Bräter oder Blech hinein. Nach etwa 1 Stunde können Sie die duftende Pracht auf den Tisch stellen.

Die Kartoffeln schmecken übrigens mit Rosmarinnadeln gewürzt ebensogut.

NÜRNBERGER BRATWÜRSTE MIT SAUERKRAUT ODER BLAUE ZIPFEL MIT ZWIEBELGEMÜSE

Schaffen Sie einen großen Topf Sauerkraut herbei, so einen, wie Witwe Bolte ihn auftischen würde, und servieren Sie dazu kleine Nürnberger Bratwürste.
Nürnberger Bratwürstchen sind gut gewürzt, appetitlich klein, braten also schnell durch und eignen sich deshalb gut für eine Party. Vielleicht kennen Sie einen Metzger, der sie Ihnen frisch zubereitet, sonst gibt es sie auch eingeschweißt im Supermarkt.
Nachdem Sie die erste Ladung gebraten haben, müssen Sie nicht mehr selbst am Herd stehen – das übernehmen Ihre Gäste, reihum und pfannenweise. Das Sauerkraut kann bei geringer Hitze auf dem Herd stehenbleiben, die Pfanne mit den Würsten auch.
Dazu gibt es nur Senf und ein kräftiges Sauerteigbrot, Frankenwein, Wasser und Bier.
«Blaue Zipfel» heißen die gleichen Würste, wenn sie in einem Sud ziehen, der zu drei Vierteln aus Wasser und einem Viertel aus Essig besteht. Das ist eine Mischung, in der sonst Karpfen und Forellen blau werden. Außerdem gehören ein paar Wacholderbeeren, ein paar Lorbeerblätter und so viele Zwiebelringe hinein, daß der Inhalt des Topfes aussieht wie ein suppiges Zwiebelgemüse.
Der Sud muß kochen, wenn die Würste hineinkommen, darf dann aber nur noch heiß sein, sonst platzen die Zipfel. Serviert werden die Würste im Zwiebelsud im tiefen Teller. Dazu gibt es Bauernbrot.

DAS ALLERSCHÖNSTE SAUERKRAUT

Sauerkraut muß ab und zu beobachtet werden, damit es nicht anbrennt, bereitet aber sehr wenig Mühe, denn wenn alles im Topf ist, braucht es nur noch Zeit.

Rechnen Sie mit 1 Kilo Sauerkraut für 4 Personen, und kochen Sie für Ihre Party das entsprechende Vielfache davon – mindestens, denn bekanntlich schmeckt es aufgewärmt ja noch einmal so gut.

Mindestens 3 Kilogramm Sauerkraut (für 12 Personen), 2 große Gemüsezwiebeln, 100 Gramm Schweineschmalz oder Gänseschmalz, 4 große, rohe, weichkochende Kartoffeln, einige Wacholderbeeren, 1 Eßlöffel Kümmelkörner (das mag nicht jeder, entscheiden Sie), 2 Liter Fleischbrühe, 2 Gläser Wein, Noilly Prat oder anderer trockener Wermut

Sie können das Sauerkraut auch mit Apfelmost und geraspelten Äpfeln zubereiten; oder ohne Kümmel, aber mit viel Majoran; Sie können eine große Prise Zucker darangeben, wenn es Ihnen zu sauer ist; oder Sie bräunen den Zucker zuerst im Topf und geben dann das Kraut mit den Zwiebeln dazu – dann wird das Sauerkraut dunkel.

Ein Schluck Gin statt Noilly Prat wird den Wacholdergeschmack verstärken; eine Schweineschwarte oder ein Stück Speck, die ganze Zeit mitgekocht, geben noch zusätzlichen Schmackes. Eine kleine rote Pfefferschote verleiht dem Kraut Musik – und die Variante mit der angeblich exotischen, süßen Ananas soll essen, wer will.

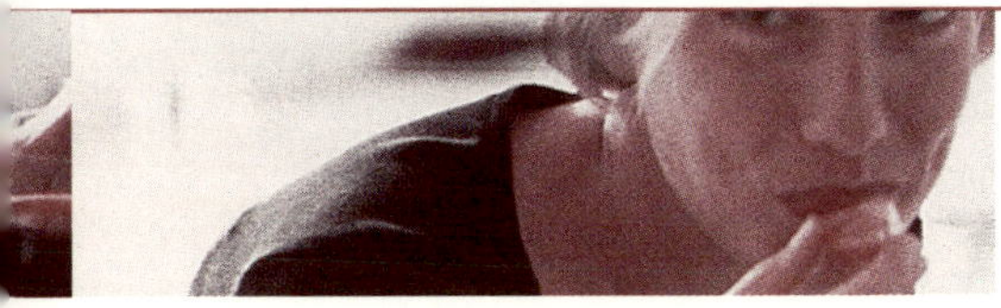

Dieses ist ein erprobtes Lieblingskraut:
Sie schneiden die Zwiebeln in Ringe und rösten sie im Schmalz goldgelb, dann geben Sie das Kraut hinzu. Wenn Sie es festgestopft aus einer Dose entnommen haben, lockern Sie es mit einer Gabel gut auf. Schmuggeln Sie die Schwarte oder das Stück Speck darunter, und streuen Sie Majoran, Lorbeerblatt, Wacholderbeeren und Kümmel hinein. Dann folgen Wein, Brühe und Wermut. Jetzt reiben Sie die geschälten Kartoffeln auf einer Reibe fein, geben sie mit dem Saft in den Topf und rühren mit einem großen Kochlöffel alles einmal durcheinander.
Lassen Sie Ihr Sauerkraut 90 Minuten in Ruhe auf kleiner Flamme köcheln. Dann ist viel Flüssigkeit verkocht, und das Kraut ist weich. Abschließend mögen Sie vielleicht noch einen guten Schuß Wermut dazugeben.

Sommerfest an langer Tafel

Pellkartoffel-Lawine: Dieses Essen bietet sich besonders an, wenn es gilt, einen Umzug oder ein anderes Fest oder die warme Jahreszeit im Frühsommer zu feiern – wegen der Qualität der Kartoffeln, der neuen Matjesheringe und der grünen Bohnen.

Bauen Sie eine große Tafel aus zwei Tapeziertischen, die in der Länge aneinandergerückt werden. Da die Tische dem Gewicht von zwanzig Essern und Zechern vielleicht nicht ganz gewachsen sind, sollten Sie die Fläche von unten abstützen – am besten in der Mitte mit Bücherkisten oder der feisten Brockhaus-Enzyklopädie

und an den vier Eckpfeilern mit ausgewählter Prosa; dann können die Gäste sich ihre Gedanken machen.

Ringsum stellen Sie Bänke, Klappstühle und Hocker; über die große Tafel breiten Sie entweder ein riesiges Tafeltischtuch oder mehrere Laken, möglichst weiße. Falls Sie beides nicht auftreiben können, weil Sie Spannbettlaken benutzen, kaufen Sie weiße Papiertischdecken (manchmal auch rollenweise zu haben) – die sind bereits gebügelt.

Decken Sie den Tisch mit Servietten, Besteck, Gläsern und Tellern, Schälchen mit Butter und Salzfäßchen; streuen Sie Blumen und Gräser dazwischen und verteilen Sie die mit Heringstopf und Bohnen gefüllten Schüsseln – aber lassen Sie über die ganze Länge der Tafel eine breite Schneise frei.

Schrubben Sie pro Nase ein Pfund gelbe, junge, festkochende Kartoffeln mit einer Bürste sauber (damit sie gar nicht unbedingt gepellt werden müssen), und setzen Sie sie eine halbe Stunde, bevor die Gäste kommen, in einem großen Topf – oder mehreren kleineren – auf, wobei Sie dem Salzwasser jeweils eine Handvoll Kümmelsamen zufügen.
Sind die Kartoffeln gar, können sie im mild geheizten Backofen noch ein Weilchen auf die Gäste warten – und Sie gehen sich derweil ruhig schminken.
Wenn alle Gäste dann am Tisch sitzen, nehmen Sie und ein Helfer die Töpfe mit den Kartoffeln, gießen das Wasser ab und lassen die Kartoffeln von beiden Enden her durch die Mitte über den ganzen Tisch kullern – der Effekt ist großartig! Der ganze Tisch dampft, auf weißem Tuch sehen die Kartoffeln mit den Kümmelsamen besonders appetitlich aus, und jeder kommt gut dran.
Vergessen Sie nicht, zwei Flaschen eiskalten Aquavit oder Korn auf den Tisch zu stellen.

HERINGSTOPF

Für 20 Personen: 10 doppelte Matjesfilets, 1 große Gemüsezwiebel, 2 große, säuerliche Äpfel, 3 Gewürzgurken, 2 Becher (400 Gramm) Schlagsahne, 200 Gramm Schmand oder saure Sahne, Dill

Schneiden Sie die Filets in jeweils drei bis vier Stücke, schälen und halbieren die Zwiebel und schneiden sie in feine halbe Ringe. Schälen und vierteln Sie den Apfel und schneiden ihn und die Gurken in feine Scheibchen. Geben Sie die Sahne dazu, und rühren Sie schön um. Lassen Sie den ganzen Heringstopf im Kühlschrank ein paar Stunden durchziehen, und verteilen Sie ihn kurz vor dem Servieren auf mehrere Schüsseln. Wenn Sie wollen, können Sie noch gehackten Dill darüberstreuen.

MATJES MIT ZWIEBELN UND SPECK

20 Doppelfilets Matjes, 2 große Gemüsezwiebeln, 500 Gramm fetten Räucherspeck

Die Matjesfilets werden in Reih und Glied nebeneinander auf einer oder zwei Platten ausgerichtet. Hacken Sie beide Zwiebeln zu einem Berg kleiner Würfelchen, den Sie in einer dicken Lage über die Heringsfilets breiten.
Der Speck wird ebenfalls fein gewürfelt und mit etwas Öl oder Butterfett in einer Pfanne zerlassen, bis er trocken und kroß im gelösten Fett schwimmt. Geben Sie das ganze Speckfett mit den Stückchen in einen kleinen Topf, und halten Sie es auf einem Stövchen über einer Kerze flüssig und warm – zu den Pellkartoffeln schmeckt es sehr kräftig und delikat.

Die Bohnen, die zum Heringstopf-Specksauce-Pellkartoffel-Ensemble gehören, werden mit Bohnenkraut gekocht und danach in Butter geschwenkt.

BUNTER KRÄUTERQUARK

Jede Menge Petersilie, Schnittlauch, 1 Salatgurke, 1 rote Zwiebel, 1 rote, 1 gelbe Paprika, 1–2 Knoblauchzehen oder auch mehr, Salz, Pfeffer, 500 Gramm Quark oder von allem das Doppelte

Sie schneiden die Paprika auf, entfernen Kerne und die weißen Rippen und würfeln das Fruchtfleisch in Stücke, die so groß sind wie ein halber Fingernagel. Die Salatgurke halbieren Sie der Länge nach, schaben mit einem Teelöffel in einem Schwung die Kerne heraus und würfeln die Gurke ebenfalls. Sie verhackstücken noch die rote Zwiebel, mischen die Gemüsewürfel mit dem Quark, pressen die Knoblauchzehen hinein und schmecken mit Salz und Pfeffer ab.

GRÜNE KRÄUTERSAUCE

Rühren Sie Joghurt, den Saft einer Zitrone, eine Messerspitze Zucker, Salz und grob gemahlenen Pfeffer zusammen, und hacken Sie alles, was Sie an Grünzeug inspiriert, hinein. Schnittlauch und Petersilie sowieso. Wenn Sie viel davon nehmen, reicht das schon. Ob Sie nun alle sieben Kräuter nehmen, die für eine echte Frankfurter Sauce nötig sind, oder nur die Hälfte oder nur Liebstöckel und Frühlingszwiebeln, oder gar kleingeschnittenen Porree, das ist ganz egal. Hauptsache, die Sauce wird schön grün und schmeckt würzig. Sie paßt gut zu den Pellkartoffeln. Fehlt nur noch ein Teller mit einer großen, gelbweißen Blüte aus halbierten und hartgekochten Eiern.

Das Ratz-fatz-Buffet

— fertig in zwei Stunden

Haben Sie auch schon mal eine Einladung, die Sie ausgesprochen hatten, komplett vergessen und mußten dann alles im Hui erledigen? Das kann jedem passieren.
Aber selbst wenn man sich sehr wohl erinnert, tanzt man manchmal ohne Netz einem riskant knappen Organisationsplan nach: Hoffentlich komme ich pünktlich aus dem Büro. Hoffentlich stehen die Getränke schon kalt, und Servietten, Geschirr, Besteck und Gläser liegen bereit.
Die langwierigste Arbeit ist der Einkauf. Wenn Sie den in der Mittagspause, am Abend oder Wochenende zuvor erledigt haben, können Sie sich ganz der Herstellung des Buffets widmen, und das steht in zwei Stunden – noch schneller, wenn Sie es schaffen, mehrere Dinge gleichzeitig anzupacken.

Wenn Sie ein paar Arbeiten delegieren können, ist sogar noch eine Kaffeepause drin.

Stellen Sie einen Topf mit kochendem Salzwasser auf den Herd, klemmen Sie in eine Schublade direkt neben Ihrer Arbeitsfläche eine blaue Mülltüte, schärfen Sie Ihre Messer, und los geht's.
Entscheiden Sie sich für höchstens acht verschiedene Speisen, listig zusammengekauft und recht supermarktbelassen. Falls Sie das Gefühl haben, Sie hätten nicht genug aufgetischt, rechnen Sie mal alles zusammen, was Sie an Fleisch und Gemüse gewichtsmäßig auf dem Tisch angerichtet haben. Das Brot wird extra gerechnet.

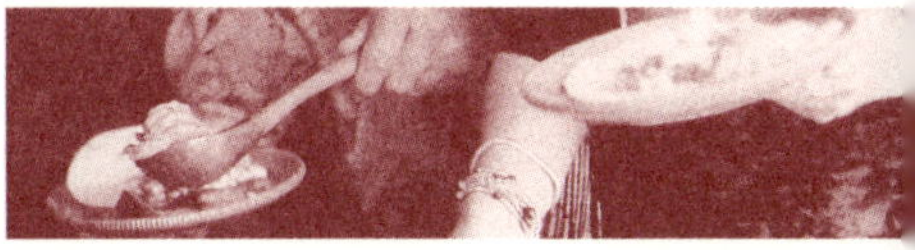

Eine Daumenregel sagt, daß ein Gast höchstens vierhundert Gramm von irgendwas verspeist. Je mehr Angebote es gibt, desto kleiner werden die Portionen. Bei mehr als 10 Platten nehmen die Gäste nur einen halben Eßlöffel voll, damit sie möglichst viele verschiedene Speisen auf den Teller laden können.

Die warme Attraktion der Tafel ist entweder der Braten oder die Ruck-zuck-Poularde. Oder Sie servieren die Garnelen mit Glasnudelsalat. Und denken Sie daran, statt Braten und Poularde tut es auch eine Platte mit gekauften Roastbeefscheiben oder Schweinebraten, mit gekochtem Putenfleisch oder Rindfleisch, adrett geordnet, mit einer gut gekaperten Thunfischsauce oder Remoulade dazu (siehe Seite 113 und Seite 175).

Mit keinem Rezept brauchen Sie sich viel länger als zehn Minuten aufzuhalten, der Rest erledigt sich von allein,

und dann bleiben Ihnen noch zwanzig Minuten zum Dekorieren und Saubermachen.

Auch ein schnell gezaubertes Buffet muß gut aussehen. Bauen Sie in der Mitte des Tisches einen Bücherblock von ungefähr 60 Zentimeter Kantenlänge und etwa 15 Zentimeter Höhe (zum Beispiel aus allen Bänden der Reihe *neue frau* von 1976 bis 1997), und breiten Sie feierlich das weiße Tischtuch darüber. Das gibt den Sockel für die schöne Platte mit dem jungen Gemüse, bunt und üppig, farbig abwechselnd im Parkett oder sonst einem Muster arrangiert, falls Sie noch Zeit haben.

Stellen Sie einen dicken Strauß Kräuter auf den Tisch, wenn die Jahreszeit ihn hergibt, und mischen Sie auch Calendulablüten und rankende Kapuzinerkresse darunter. Ein sehr hoher Sommerblumenstrauß, im Herbst buntes Laub, im Winter Tannenzweige und rotbeeriger Ilix, im Frühling ein dickes Moosbett mit Gänseblümchen und Löwenzahn sind genauso schön.

Oder Sie rupfen im Dunkeln beim Nachbarn ein paar lange Efeu-, Hopfen- oder Knöterichranken von der Garageneinfahrt.

Gut sieht's auch aus, wenn Sie rote Linsen auf das weiße Tuch streuen und dazu ein paar Rosenblätter. Oder Sie streuen frische Blütenköpfe von aufgeblühten Gartenblumen zwischen die bunten Platten.

SAFTIGER BRATEN AUF DIE SCHNELLE

4 Kilo gekochter Schinken am Stück, scharfer Senf, 75 Gramm Zucker, 6 Knoblauchzehen, 1 großes Stück Ingwer, 2 Äpfel, 250 ml Weißwein, 1 große Gemüsezwiebel

Bestellen Sie den gekochten Schinken bei Ihrem Metzger vor. Wenn mehr als 12 Personen kommen, nehmen Sie ein größeres Stück oder zwei kleinere. Heizen Sie dem Ofen mit 200 Grad ein. Schneiden Sie die dünne, weiche Schwarte von dem Stück herunter und nehmen Sie bei der Gelegenheit etwas Fett weg, wenn überhaupt noch viel dran ist. Jetzt bestreichen Sie die Oberseite mit Senf und streuen den Zucker darüber. Den Knoblauch und die Zwiebel werfen Sie grob gestückelt mit dem zerhackten Ingwer und den geschälten, entkernten und zerschnittenen Äpfeln zum Braten in die Saftpfanne des Herdes – oder hat der Vormieter die mitgenommen? Dann nehmen Sie eben einen großen Bräter oder eine große, feuerfeste Auflaufform. Gießen Sie noch ein Glas Weißwein hinterher, und ab in den heißen Ofen. Da schmurgelt der Braten für 45 Minuten allein vor sich hin. Dann ist er innen gut durchgewärmt und obenauf lecker gebacken; gar war er ja sowieso schon.
Wenn er fertig ist, schneiden Sie ihn in fingerdicke Scheiben, die sicher noch einmal halbiert werden können, und richten diese fächerförmig auf einer Platte an. Dann gießen Sie den Saft und das Obst aus dem Bräter in ein hohes Gefäß, halten kurz den Schneidstab hinein und gießen die entstandene Sauce, wenn sie genug gesalzen und gepfeffert schmeckt, in ein Kännchen.
Wenn Sie eine Warmhalteplatte haben, nützt das dem Geschmack des Bratens, aber nötig ist es nicht, denn er ist nicht sonderlich fett und schmeckt deshalb auch kalt.

PREISGEKRÖNTE RUCK-ZUCK-POULARDE

Mit diesem Rezept hat jemand den ersten Preis beim Kochwettbewerb des Garlic-Festivals in Gilroy gewonnen – zu Recht. Es ist genial einfach, und die Poularde ist in zwanzig Minuten fertig. Wenn Sie Glasnudelsalat dazu bieten, sind Ihnen die Ovationen gewiß.

Für 20 Personen: 10–15 halbierte Hühnerschenkel oder 2 große Poularden, in Portionsstücke zerteilt, 6 Eßlöffel Erdnußöl, 2 Knollen frischer Knoblauch, geschält und grob gehackt, 2 kleine rote Peperoncini, gehackt, 1 kleines Glas Weißweinessig, 1 Schnapsglas Sojasauce, 6 Eßlöffel Honig

Das Öl wird in einem Bräter oder in zwei Pfannen erhitzt, die Hühnerteile darin nacheinander rundum anbraten. Bruststücke zuletzt, denn sie werden leicht trocken. Wenn sie fast braun gebrutzelt sind, kommen Knoblauch und Peperoncini dazu. Alles übrige miteinander verrühren, zum Fleisch gießen und im Backofen bei 180 Grad köcheln lassen. Wenn alle Teile von der Sauce glasiert sind und kaum noch Flüssigkeit vorhanden ist, ist das Gericht fertig – eine gute Wahl für das Buffet, denn Huhn schmeckt auch kalt.

GLASNUDELSALAT

Dazu passen Glasnudeln, die im Sieb für 5 Minuten in den Topf mit kochendem Wasser gehängt und mit Reisessig, Sojasauce und Sherry, mit rohen Champignonscheiben und rohen Frühlingszwiebelringen und frisch geriebenem Ingwer gewürzt werden.

GLASIERTE GARNELEN

Falls Sie mehr Geld als Zeit haben, braten Sie statt der Poularde auf die gleiche Weise jede Menge Garnelen ohne Schale. Die sind eventuell schon rot und gar und werden in jedem Fall erst in die Pfanne gelegt, wenn die Sauce schon gut eingekocht ist.

JUNGES GEMÜSE MIT KNOBLAUCHMAYO

Radieschen, weißer Rettich, Stangensellerie und Karotten, Chicoreeblätter und kleine Kirschtomaten

Arrangieren Sie die rohen Stücke von möglichst wenig putzintensivem Gemüse farblich abwechselnd auf einer großen Platte, in deren Mitte noch eine Schüssel mit Knoblauchmayonnaise Platz hat. Die Grundmayonnaise (siehe Seite 175) haben Sie vielleicht schon für eine andere Speise gerührt; oder Sie tun es flink und werfen noch gut und gern fünf Knoblauchzehen unter das Flitzmesser. Und einen Streifen Tomatenmark aus der Tube quetschen Sie auch dazu, nur für die Schönheit. Da hinein wird das Gemüse gedippt.

BROTKORB UND APARTE PLATTEN

Füllen Sie einen Korb mit frischem, gewärmtem Fladenbrot, mit Baguettestangen, Ciabatta, Vollkornbrötchen und Grissini, dazu einen frischen Butterblock. Daneben richten Sie große Teller oder Platten an mit spanischem oder italienischem Schinken, einen mit Fenchelsalami und einen mit Bündner Fleisch oder Bresaola, mit Olivenöl beträufelt und Parmesankäsehobeln bestreut.

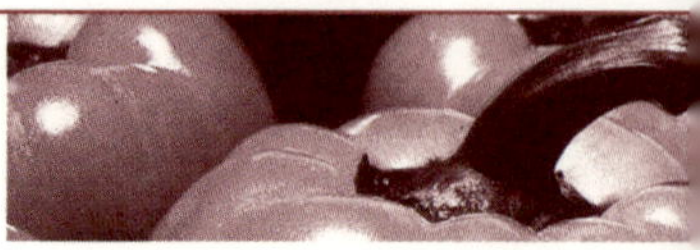

Auf einer Käseplatte befinden sich vielleicht 1 Stück Gorgonzola, 1 Stück harter Käse wie Emmentaler, Pecorino oder alter Gouda und ein weicher Brie oder eine Frischkäsecreme.
Die Wurst- und Schinkenplatten garnieren Sie mit jeweils einem Häufchen schwarzer oder grüner, eingelegter Oliven und mit scharfen grünen Pfefferschoten. Auf die Käseplatten kommen süße Birnen und Weintrauben.

FENCHELGEMÜSE

Fenchelknollen, Grappa, Balsamico-Essig, Fenchelsaat

Schneiden Sie den Fenchel von oben nach unten in etwa 5 mm dicke Scheiben, und braten Sie diese in wenig heißem Butterfett schnell an, bis sie gerade beginnen, braun zu werden. Ein wenig salzen und pfeffern. Dann geben Sie ein Glas Grappa in die Pfanne – falls Sie auf Gas braten und die Flammen an die Decke schlagen, rütteln Sie die Pfanne schnell hin und her, damit die Flammen ersaufen. Beträufeln Sie die Fenchelscheiben mit Balsamico-Essig und lassen Sie eine Handvoll Fenchelsamen darüberrieseln. Schmeckt kalt und warm.

MÖHREN IN MARSALA

500 Gramm Möhren, Marsala oder anderen süßen Wein (gibt´s im Supermarkt in kleinen Fläschchen), Butter, Salz, Pfeffer

Schälen Sie die Möhren, schneiden Sie sie schräg in ovale Scheiben und streuen ein wenig Salz darüber. Nun werden die Möhren mit 2 bis 3 Eßlöffel Butter gebrutzelt und mit einem Weinglas voll Marsala begossen. Deckel drauf und nur so lange schmurgeln, bis sie *fast* weichgekocht sind.

ORANGENSALAT MIT ROSMARIN

Orangen, frischer Rosmarin, Balsamessig, Pfeffer

Stribbeln Sie die frischen Nadeln von einem Rosmarinbüschel ab, hacken sie mit einem schweren Messer kurz und klein und blanchieren sie kurz in einem Sieb, das Sie in den Topf mit dem kochenden Salzwasser hängen.
Schälen Sie die Orangen gründlich und schneiden Sie sie parallel zum Äquator in Scheiben, die Sie hübsch und fächerartig auf einer Platte anrichten. Nun streuen Sie die Rosmarinnadeln darüber, bespritzen die Orangenscheiben mit etwas Balsamessig und mahlen frischen schwarzen Pfeffer darüber.

SCHNELLE SCHOTEN

Gelbe, rote und grüne Paprikaschoten, 3 Stück reichen für 6 Personen, Sonnenblumenöl, thailändische, süßscharfe Chilisauce für Frühlingsrollen oder Geflügel

Entkernen Sie die Paprikaschoten, entfernen Sie die pelzigweißen Stege im Inneren und schneiden Sie die Schoten in Stücke. Der bunte Haufen wird portionsweise nur kurz in der Pfanne im heißen, geschmacksneutralen Öl scharf angebraten. Sobald das Gemüse anfängt, braune Stellen zu bekommen, ist es fertig und kommt in eine große Schüssel. Es soll noch knackig sein. Wenn alles gebraten ist, gießen Sie aus dem Fläschchen die scharfe, süße, rote Sauce über die Paprika und mischen alles miteinander. Das ist alles.

SPEEDYSALAT

Rote, gelbe, grüne Paprika, Möhren, Tomaten, Zucchini, Gurke, Olivenöl, Zitronensaft, Salz, Pfeffer, Couscousgrieß (vorgekocht), 2 Bund Pfefferminze und Petersilie

Richtig schnell ist dieser Salat fertig, wenn Sie eine Küchenmaschine besitzen, die ohne Umschweife alles würfelt oder streift, was man ihr überläßt; sonst nehmen Sie eine normale, handbetriebene Küchenraspel. Damit geht's auch flink, nur die Verletzungsgefahr ist größer.

Der Couscousgrieß wird in einem Sieb in den Topf mit dem kochenden Wasser gehängt, wo er in ein paar Minuten weich quillt. Lassen Sie ihn ausdampfen, lockern Sie ihn mit den Fingern und geben Sie ihn zum Gemüse. Nun vermischen Sie alles mit Öl und Zitronensaft, mit der gehackten Pfefferminze und Petersilie und schmecken mit Salz und Pfeffer ab.

RUCOLASALAT

Rucola, weißer Rettich, Parmesan, Olivenöl, Balsamessig

Rucola wird nur kurz unter fließendem Wasser gespült und zwischen zwei Handtüchern trockengetupft. Da die Stiele genauso gut schmecken wie die Blätter, wird nicht weiter geputzt und geschnitten. Wenn sie sehr störrisch sind, schneiden sie sie wie Schnittlauch und mischen sie unter die Marinade. Schälen Sie den Rettich, und hobeln Sie ihn in dünnen Scheiben zu den grünen Blättern. So viel Sie wollen. Der moderne Rettich hat wenig Eigengeschmack, er unterstützt den Rucola mit seiner sanften Schärfe und gibt dem ganzen Salat noch knusprigen Pfiff. Träufeln Sie Olivenöl und Balsamessig darüber, Salz und Pfeffer, mischen alles und hobeln dünne Parmesanscheiben über den Salat.

KALTE AVOCADOSUPPE

3 reife Avocados, ca. 1 Glas Apfelsaft,
1 Glas Orangensaft, Walnußöl, Salz, Pfeffer

Diese Suppe wird ohne Umschweife im Mixer zubereitet. Schneiden Sie die Avocados längs herum durch und klappen sie drehend auseinander. Nun schlagen Sie ein großes Messer mit der Klinge ganz locker, aber fest in den großen Kern, den Sie nun mit einer leichten Drehung aus der Frucht herausheben können.

Das Avocadofleisch wird in den Mixer gegeben und mit Apfelsaft und Orangensaft püriert, so daß die Suppe eine angenehm flüssige Konsistenz bekommt. Pfeffern und salzen Sie, und seien Sie sparsam mit dem aromatischen Walnußöl, denn es dient nur zum Abschmecken. Stellen Sie die Suppe kalt, oder lassen Sie vor dem Abschmecken ein paar Eiswürfel mit durchsausen. Wenn Sie Suppe für viele Gäste brauchen, verdoppeln Sie die Mengen.

FAST-FRUIT-AUFLAUF

700–1000 Gramm Apfel- oder Birnenkompott, Zucker, Butter, abgeriebene Schale einer Zitrone, Saft einer Zitrone, 60 Gramm Mehl, 1/2 Teelöffel Backpulver, 150–200 Gramm gehackte oder blättrige Mandeln, 3 Eiweiß, 3 Eigelb

Heizen Sie Ihren Backofen auf 180 Grad vor, und fetten Sie eine Auflaufform mit Butter ein. Zuckern Sie das Kompott eventuell etwas nach, und verteilen Sie es in der Form.

3 Eßlöffel Zucker und 1/4 Pfund Butter werden glattgerührt, Mehl, Backpulver, Mandeln, Zitronenschale, Saft, alles kommt dazu, nur das Eiweiß wird getrennt steifgeschlagen und dann erst unter die Mandelmasse gehoben. Verteilen Sie nun alles gleichmäßig über die Äpfel. Im Ofen braucht der Auflauf etwa vierzig Minuten, bis er eine braune Oberfläche bekommt. Dazu gibt es eine Aprikosensauce, die schnell aus Aprikosenkonfitüre, eventuell etwas Wasser, ein wenig Zitronensaft und Orangenlikör zusammengerührt wird.

Wie ein Auflauf aus Pflaumenkompott mit Johannisbeersauce geht? Na, genauso, bloß mit Cassis statt mit Orangenlikör.

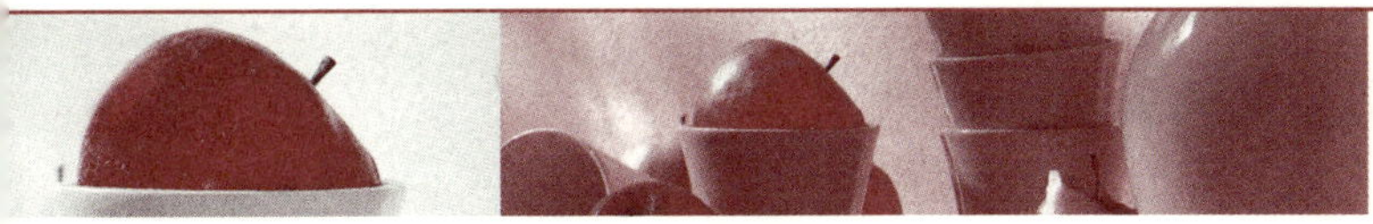

SCHOKOLADENOBST

Schmelzen Sie weiße oder braune Schokoladenkuvertüre im heißen Wasserbad. Stecken Sie Zahnstocher in Bananenscheiben, Kiwiviertel und Birnenstücke; Erdbeeren bleiben ganz, Physalisköpfe werden freigelegt, so daß man sie am papiertrockenen Kragen greifen kann.
Nun tupfen Sie alle Obststücke in die Schokolade und stellen sie dekorativ spiralförmig auf einen großen Teller und lassen Puderzucker durch ein Sieb darüberschneien.

Großes Buffet

für Scheidung,
Hochzeit, Jubiläum und
großen Tanz

Stellen Sie sich das einmal vor: Blaue Seen mit schroffen Klippen aus Austernschalen, an deren steilen Wänden halbierte Hummer emporsteigen. In der Mitte ruhen Lachse mit schillernden Fruchtschuppen und bunten Mayonnaiseflossen. Und dann das Fleisch: auf goldenem Geleesee eine Regatta von Putern, alle verschiedenfarbig gewandet – mit schwarzen Olivenhosen und Fencheltrikots, mit Gurkenhemd und Orangengamaschen, gelackt und glasiert. Eine ganze Pasteten-Wildstrecke, den Tieren nachgebildet, aus denen sie zubereitet sind. Dazwischen silberne Platten mit marinierten Gemüseornamenten, große Schüsseln mit Mousse und Bisquits, mit blattsilbernen Figuren und flimmernden Goldfäden …

Mit solchen Buffets wurde zur Zeit des berühmten Kochs Carême in Frankreich Reichtum und Überfluß demonstriert. Es war auch einmal Mode, Speisen zu färben:

Weißwein wurde schwarz ausgeschenkt, vergoldete Kalbsleber mit grünen Eidottern belegt, und rote Hühnerpastete, Mandelspeisen in Krebsform und ein veilchenblaues Ferkel schmückten die Tafel.

In England standen bei Schaugerichten nicht nur Igel, Adler und Leopard, sondern auch der Gastgeber, naturgetreu geformt und gut abgeschmeckt, zum Verzehr bereit. Genießbare Kunstwerke gab es auch in Deutschland. Da hielt man es sogar noch etwas spaßiger und zwängte zur Kurzweil lebende Tiere in verdeckte Schüsseln oder Pasteten. Zum Beispiel sperrte man einen lebendigen Aal in ein knuspriges Spanferkel ein. Wenn dann der Braten angeschnitten wurde, war der Aal los und wand sich über den Tisch – «eine schöne Lust fürs Frauenzimmer». Ein perverses, heute unvorstell-

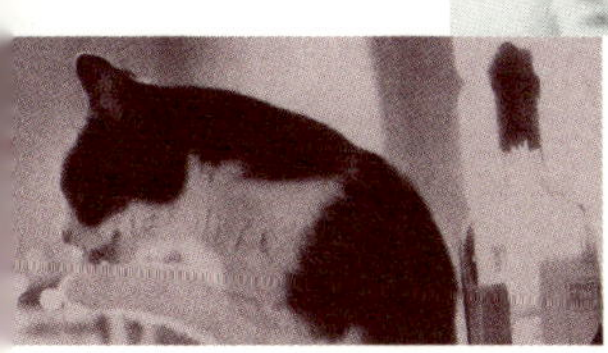

bares Vergnügen war der Verzehr einer lebendigen und doch kroß gebratenen Gans. Das erforderte ein aufwendiges Verfahren, und nur darum ging es den Köchen und den Gastgebern damals: die Summe aller Herstellungstechniken, sämtliche ästhetischen und kulinarischen Phantasien, die je ersonnen worden waren, bei einem einzigen Auftritt zur Schau zu stellen und damit gesellschaftliches Niveau zu demonstrieren. Die bescheidene, nur wenig behandelte Alltagskost des einfachen Mannes stand den raffinierten, kostspieligen, vom Amüsierbedürfnis geprägten Küchenkunstwerken gegenüber, die den Mittelpunkt von festlichen Empfängen der höchsten Stände bildeten.

Wer derlei heute noch anstreben wollte, wäre verrückt. Andererseits macht es Spaß, sich bei der Dekoration von den verschwenderischen Zeiten anregen zu lassen.

Leider muten uns professionelle Foodredakteure und Foodstylisten eher erstaunlich Kleinkariertes zu:

Mit Handmodeln gedruckte Monogramme für jeden Gast, Organzaschleifen um Nippes gewunden, in Komplementärfarben zur Serviette, seltenes Bauernsilber. Auf jeden Fall muß reichlich und teuer eingekauft werden für einen stilvoll gedeckten Tisch.

Statt mit teuren Schnörkeleien zu prahlen, setzen Sie lieber auf Witz und Charme, auf Genialität und Grandezza.

Die schlampige Gastgeberin bereitet ihren Freunden ein Geschenk, das manchmal sehr gelungen, manchmal sehr zum Lachen ist, nie aber angeberisch.

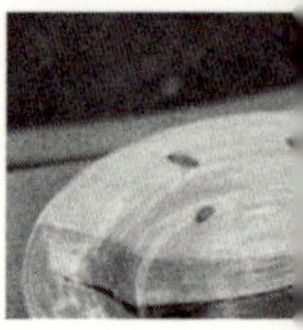

BLICKFÄNGE: THINK BIG!

Ein ambitionierter Mensch, der wenig Zeit hat, bereitet nur ein Viertel aller Speisen selbst zu, der Rest wird gekauft. Und dann türmt er alles um ein sehr attraktives Gebilde herum, das auf der süßen Seite angesiedelt sein kann, oder bei den Fischen und Fleischen – eines jedenfalls reicht.

Die alten Meister wußten schon, warum sie auf ihren kulinarischen Stilleben alles Eßbare roh und kenntlich darstellten; denn sehr tot, püriert und zerteilt, zerstoßen, gemahlen und geschmolzen – wie auf einem Buffet – sehen Speisen nur noch halb so gut aus, und die Symbolik der verschiedenen Früchte und Tiere verflüchtigt sich obendrein. Ein Apfelkompott steht weder für die süße Sünde noch für die Vertreibung aus dem Paradies. Eine – vielleicht sogar symbolische – Attraktion für das Buffet darf also nicht fehlen.

DEKORATION MIT OBST, GEMÜSE, BLUMEN

Damit das Buffet inspirierend wirkt, genügt es eventuell schon, ein sehr üppiges Blumenbouquet zu arrangieren. Vielleicht ein Gefäß, groß wie eine Kinderbadewanne, voller niedriger und rankender bunter Blumen und Kräuter, dicht an dicht, auf einem Podest; oder einen mächtigen, hohen Feldblumenstrauß. In der Mitte der Platte erhebt sich eine nach oben zu möglichst symmetrische Pyramide, einen Meter hoch, aus kleinen Blumenkohlköpfen, vom Stiel befreit und mit hölzernen Schaschlikspießen auf- und aneinandergesetzt, dazwischen grüne und rote Tupfer von Brokkoli und Radieschen.

Andere Bausteine für Tafel-Skulpturen sind Salatgurken, Zucchini und kleine Frühstücksgurken oder Kartoffeln und Kirschtomaten sowie alles, was sonst in den nächsten Tagen topfwärts geschickt werden kann. Aus diesen Gemüsen können Sie einen ganzen Wald blühender, bizarrer Kakteen zusammen-

bauen, die Sie in Blumentöpfe stecken, die mit Alufolie versilbert sind. Zwei Kohlköpfe werden sorgfältig und dicht mit Kräutern und Gemüse gespickt: mit Karottenwangen, Tomatenlippen, Grüne-Bohnen-Brauen und Dill-Frisur. Manche Gemüse müssen dafür halbiert und in Streifen geschnitten werden. Legen Sie auch die ganze Gesichtsfläche aus, so daß vom Kohl nichts mehr zu sehen ist. Zwei solche Köpfe auf einem Podest werden großen Eindruck machen, falls Sie Beginn oder Ende einer Paarbeziehung zu feiern haben. Lassen Sie sich von Giuseppe Arcimboldo inspirieren, der im 16. Jahrhundert lebte und berühmt ist für seine optischen Täuschungen und die Portraits aus Gemüse, Fleisch und Fisch.

Glücklich kann sich schätzen, wer ein japanisches, handbetriebenes Gemüsespinnrad besitzt, mit dem man aus Rettich und Karotten, aus Gurken und Kartoffeln meterlanges Engelshaar drehen kann. Mit diesem Gemüsegewölle können Sie farbige Locken auf Platten legen oder zarte Gespinste unter schlichte Speisen; sogar stricken können Sie damit, wenn Sie wollen. Nebenbei kann man mit den Kartoffelfäden ein Stück Fisch umwickeln und es dann in der Pfanne braten. Viel mehr als Dekoration ist mit diesem Gerät, das es in asiatischen Supermärkten, aber auch im Profiküchen-Fachhandel zu kaufen gibt, in der deutsche Küche nicht anzufangen.

Wenn Sie auf Ihren Platten kleine Landschaften bauen wollen und Erhebungen oder Stützen für irgendein Fischballett oder eine Obstfontäne brauchen, dann nehmen Sie dafür Kartoffelbrei oder Grießbrei. Mit möglichst wenig Wasser zubereitet, wird er sehr fest und läßt sich dann, in Alufolie verpackt, zu einem länglichen Gebirgszug, zu einer glitzernden Insel, zu einem hohen Krater mit blumenbewachsenen Hängen formen, in dessen Mitte ein paar Wunderkerzen abfackeln, sobald das Buffet eröffnet wird.

EIS- UND MARGARINEPLASTIKEN

Sicher macht es mehr Spaß, das Buffet mit einer kunstvollen Skulptur zu schmücken, als in der gleichen Zeit Servietten zu kniffen und Schleifen um Tischbeine zu winden. Bei Festbanketten in großen Restaurants, und neuerdings auch auf der Straße, strahlen manchmal Eisplastiken im hellen Licht der Kronleuchter und Scheinwerfer. Ein Eisblock, groß genug für einen sich spreizenden Pfau, paßt zwar in kein heimisches Tiefkühlgerät, aber wenn Sie Backformen in Hasen- oder Bärengestalt haben, können Sie eine ganze bunte Bärenfamilie nach und nach im Tiefkühler stapeln und dann zum Festschmaus antanzen lassen. Man vermischt dazu Wasser, vielleicht sogar gefärbt, mit so viel Gelatine, wie für eine feste Sülze nötig ist, und friert es ein. Die Gelatine macht das Eis länger haltbar, leider aber auch etwas milchig. Lassen Sie das Wasser schon leicht gelieren, bevor Sie es in die Form füllen, damit es nicht ausläuft. Von hinten beleuchtet, sehen die Bären sehr cool aus, und wenn sie etwas gestützt werden, behalten sie sogar fünf Stunden lang ihre Figur, bevor sie verschwabbeln. Margarine- oder Schmalzplastiken werden nicht aus massivem Fett geformt, sondern haben einen stabilen Unterbau aus Styropor. Einen Styroporblock kann man ganz einfach mit dem Küchenmesser bearbeiten; erst wird grob der Umriß herausgeholt, und dann bearbeiten Sie die Oberfläche. Steht das Huhn (oder was immer Sie sich ausgedacht haben), wird es rundum mit Ziehmargarine vom Bäcker bedeckt – mit anderer geht es nicht – und dann in den Tiefkühler – im Winter an die frische Luft – gesetzt, damit die Margarine zur weiteren Bearbeitung wieder fest wird. Womöglich bereitet diese Arbeit der ganzen Familie Spaß, besonders Kindern, die doch so gern mit Essen spielen. Und wenn Sie gar Besitzer eines kleinen Tischspringbrunnens sind, brauchen Sie nichts weiter zu tun, als gefärbtes Wasser einzufüllen und das Gebilde von hinten anzustrahlen.

SPEISEKARTEN ODER EINLADUNGSKARTEN AUS ESSPAPIER

Eßpapier gibt es da, wo es Süßigkeiten zu kaufen gibt; ganz bestimmt aber im Drogeriemarkt. Sonst nehmen Sie einfach Backoblaten.

Schneiden Sie das Papier in verschiedene Formen aus, und schreiben Sie mit bunten Zuckerfarben die Namen Ihrer Gäste oder die Speisenfolge, Blümchen oder Küßchen darauf. Diese Arbeit können Sie problemlos Kindern und Männern überlassen: So sind sie sinnvoll beschäftigt.

Die Farben gibt es in Tuben mit kleinen, spitzen Tüllen in der Backabteilung von Supermarkt oder Kaufhaus; wenn Sie sie nicht bekommen, bereiten Sie aus Puderzucker und sehr wenig Wasser eine Glasur vor, die Sie portionieren und mit Lebensmittelfarbe oder mit Kakao, Kurkuma und Curaçao einfärben. Geschrieben wird mit einer kleinen Spritztüte, die Sie aus Pergamentpapier rollen.

ORGANISATION IN DER KÜCHE

Ihre Arbeit an dem großen Buffet beginnt damit, daß Sie einen oder zwei große Töpfe mit gesalzenem Wasser aufsetzen, die immer kochen müssen, während Sie schnippeln und putzen. In diesen Töpfen werden die Gemüse blanchiert. Stellen Sie sich eine Schüssel an den Platz, in der Sie alle Abfälle sammeln, oder, noch besser, klemmen Sie einen großen blauen Müllsack in eine Schublade, direkt bei Ihrem Arbeitsplatz.

Nehmen Sie sich die Zeit, alles Gemüse, alle Kräuter und Zwiebeln hintereinanderweg zu putzen und in Schüsseln bereitzustellen, weil dabei viel Abfall entsteht und Sie sich sonst immer wieder neu den Arbeitsplatz vollmüllen.

Schneiden Sie auch Petersilie, Schnittlauch und Orangenschalen vor, blanchieren, häuten und entkernen Sie ein paar Tomaten, und rösten Sie die Pinienkerne ohne Fett in einer Pfanne.

Der große Wassertopf ist eines der wichtigsten Kochgeräte, denn in das kochende Salzwasser kommen nacheinander alle Gemüse für jeweils drei bis fünf Minuten. Holen Sie es mit einem Sieb heraus und befördern es sogleich in das Spülbecken, das mit eiskaltem Wasser gefüllt ist. Damit es seine Farbe behält und nicht weitergart, muß man das Gemüse nämlich schnell gründlich abkühlen. Dann kommt es gut abgetropft in die Schale zurück. Diese Vorbereitungen kann man einen Tag im voraus erledigen und die Gemüseschüsseln abgedeckt kühl stellen.

Am nächsten Tag rühren Sie nur noch die Marinaden an und greifen zwischendurch auch zu einem Fix-und-fertig-Fläschchen, übergießen die Gemüse, wälzen alles durcheinander – bei den Mengen geht das mit den Händen am besten –, oder glasieren und marinieren Sie sie in der Pfanne und häufen das Gemüse auf die Servierplatten. Kerne oder Grünzeug dazu, schon haben Sie vier bis fünf gut gefüllte Schalen bereit.

Alle Gemüsegerichte schmecken, ob sie kalt sind, lauwarm oder heiß.

SIZILIANISCHER PORREE

60 Gramm gehackte, geröstete Walnüsse oder geröstete Pinienkerne, 1/4 Liter Weißweinessig, 3 Eßlöffel Zucker, 30 Gramm Korinthen, 2 kleine rote Chilischoten, fein zerschnitten, 2 Eßlöffel Orangenschale

Schälen Sie mit einem scharfen Messer von der ungespritzten Orange die Schale, ohne weißes Fleisch mit abzuschneiden. Die Schale hacken Sie dann sehr fein. Am besten benutzen Sie einen speziellen Zestenreißer, der mit seinen kugeligen Ausschnitten sehr dünne Streifen abhebt, die sich zart und locker ringeln und nicht weiter zerschnipselt zu werden brauchen. Sie rühren aus allen Zutaten eine Marinade – rösten die Pinienkerne ganz kurz in einer Pfanne ohne Fett, bis sie braune Stellen bekommen, und geben sie zusammen mit den Korinthen zu der Marinade.
Schneiden Sie von acht Stangen Porree den Wurzelansatz ab und teilen Sie jede Stange in jeweils drei Rollen, wobei Sie nur die helle, feste Stange verwenden, nicht den grünen Teil, der nur auseinanderfallen würde. Nun geben Sie die Porreestücke in das kochende Wasser, wo sie drei bis fünf Minuten blanchiert werden. Fischen Sie den Porree aus dem Topf, schrecken Sie ihn mit eiskaltem Wasser ab und legen ihn in eine Schale. Der Porree wird mit der Marinade begossen. Das ist alles. Sie sollten ihn vielleicht noch ein- oder zweimal in der Marinade wenden, bevor Sie ihn auf den Tisch bringen.

Vorspeisen aus dem ständig blubbernden Kochtopf

In der gleichen süßsauren Marinade mit Pinienkernen, Korinthen und Orangenschalen sowie mit vielen Zwiebelringen legt man in Venedig auch gebratene Sardinen ein – oder war das in Sizilien?

GRÜNER SPARGEL

Drei Bund grüner Spargel werden da, wo der weiße, harte Teil beginnt, mit einem schweren Messer abgeschnitten. Die grünen, nun kurzen Stangen werden mit einer Schnur mehrfach gebündelt und verschwinden im kochenden Wasser, bis sie fast weich sind; das können Sie mit einem spitzen Messer prüfen. Wenn sie nach ein paar Minuten gut sind, werden die Bunde herausgefischt und ins kalte Wasser gelegt. Durch die Bündelung besteht die Chance, daß alle Köpfe heil bleiben. Danach sortieren Sie die Stangen auf einer Platte, übergießen sie nur noch mit Olivenöl und streuen eine Schicht frisch geriebenen Parmesankäse darüber.

MARINIERTER FENCHEL

Eingelegte Kapern, Olivenöl, Saft von einer Zitrone, 8 Fenchelknollen

Schneiden Sie von acht Fenchelknollen die Stielansätze ab, und schneiden Sie die Knollen hochkant in fingerdicke Scheiben. Diese werden im kochenden Wasser drei Minuten blanchiert und dann kalt abgeschreckt. Sie breiten die Scheiben auf einer Platte aus, bestreuen sie mit Salz und frisch gemahlenem schwarzem Pfeffer, träufeln feines Olivenöl und etwas Zitronensaft darüber und streuen die Kapern dazu.

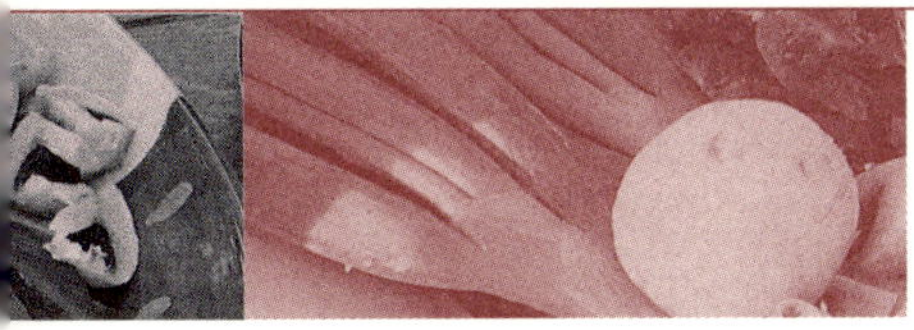

ORANGEN-SPARGEL

1 kg weißer Spargel, Orangensaft, frisch oder frech aus der Flasche, Mondamin, Grand Marnier, ungespritzte Orangenschale

Weißen Spargel gibt es inzwischen ja fast zu jeder Jahreszeit. Schälen und schneiden Sie die weißen Stangen in schräge Röllchen, die Sie drei Minuten lang in stark gesalzenem Wasser blanchieren und dann abschrecken. In den drei Minuten kochen Sie eine Tasse Orangensaft mit einem Schlückchen Grand Marnier auf und rühren zum Binden einen Teelöffel in wenig kaltem Wasser gelöstes Mondamin darunter. Die Soße soll nur ein wenig dicker werden. In dieser Sauce kann der Spargel nun vor sich hin marinieren. Streuen Sie noch ein wenig geriebene Orangenschale und Pfeffer darüber.

ROTE-BETE-SALAT

8 rote Bete, gleichmäßig groß und gargekocht, 2 rote Zwiebeln, 6 Eßlöffel Walnußöl und Sonnenblumenöl, gemischt, 4 Eßlöffel Himbeeressig oder Rotweinessig, gemahlener Piment, Salz, Zucker

Häuten, schneiden oder hobeln Sie die gekochten Bete in feine Scheiben; auch Würfel sehen nett aus. (Dann sind Ihre Hände freilich knallrot ruiniert: Drehen und wenden Sie Ihre Finger in einer Zitronenhälfte, und reiben Sie die Hände kräftig mit dem Zitronenfleisch ab. Den Rest arbeiten Sie während der noch zu erledigenden Vorbereitungen an dem anderen Gemüse und an der

Schürze ab.) Oder Sie ziehen die dünnen Handschuhe aus dem Erste-Hilfe-Kasten über. Die können Sie im Drogerie-Markt oder in der Apotheke nachkaufen.

Die beiden roten Zwiebeln hobeln Sie in sehr feinen Ringen über die Bete, mischen die Marinade an und gießen sie über die rote Pracht. Probieren Sie auch zusätzlich Orangenfiletstücke, vielleicht sogar von Blutorangen.

JOGHURT-MARINADE FÜR GEKOCHTES GEMÜSE

Joghurt, Zitrone, Tahin, durchgepreßter Knoblauch, Salz

Rühren Sie alles nach Geschmack zusammen und würzen damit gekochte rote Bete oder gekochten Blumenkohl, blanchierte Zucchinischeiben oder Brokkoliröschen. Für blanchierten Blumenkohl färben Sie dieselbe Marinade mit Kurkuma, Safranpulver oder Curry kräftig gelb. Auch Kohlrabistifte und Karotten, Bohnen, Stangensellerie und Rettich und alle anderen harten Gemüse werden so abgekocht und abgeschmeckt. Die Sauce kann auch mit Kresse oder Koriandergrün verändert und gefärbt werden.

Vorspeisen aus der Pfanne – glasiertes Gemüse

- **Karamelisierter Chicoree**
- **Frühlingszwiebeln**
- **Knoblauch-Champignons**

KARAMELISIERTER CHICOREE

10 Chicoreesprossen, Butter, Zucker

Die Chicoreesprossen werden in der Länge geviertelt. Dann schneiden Sie, wenn Sie das Bittere nicht lieben, den Wurzelansatz schräg nach unten weg, aber nicht zu radikal, damit die Blätter noch zusammenhalten.
In die Pfanne kommen Butter und ein Eßlöffel Zucker. Wenn die Mischung schäumt, legen Sie die Chicoreeviertel hinein und lassen sie bei starker Hitze kurz von allen Seiten bräunen. Etwas Salz und schwarzen Pfeffer darüber, dann kommt die nächste Ladung. Wenn eine Portion fertig ist, richten Sie sie gleich auf einer Platte an. Schneiden Sie ein paar gehäutete Tomatenviertel in Würfelchen und streuen sie darüber, um den schlaffen Anblick etwas aufzufrischen.

FRÜHLINGSZWIEBELN

Frühlingszwiebeln, Olivenöl, Balsamico-Essig, Salz

Schneiden Sie von vier Bund Frühlingszwiebeln die Hälfte der grünen Enden weg, und halbieren Sie die Stangen der Länge nach. Die geben Sie kurz mit Olivenöl in die Pfanne und bräunen sie rasch bei großer Hitze. Wenn die Zwiebeln dunkle Stellen bekommen, gießen Sie einen Schuß Balsamico-Essig dazu und rütteln die Pfanne, damit alle Zwiebeln davon abbekommen. Nun sind sie fertig und können auf einer Platte angerichtet werden.

Allerlei Variationen

Genauso können Sie mit fast jedem Gemüse verfahren und so eine bunte Vielfalt zusammenstellen.
Zum Beispiel schmecken Karotten in Balsamico sehr gut oder gekochte Rote-Bete-Stücke, die es eingeschweißt zu kaufen gibt; über die Beten streuen Sie noch ein Gläschen Kapern. Den Karotten teilen Sie Petersilie zu, halbierte Gemüsezwiebeln bleiben, wie sie sind.
Statt Balsamico können Sie auch Wein nehmen, statt Petersilie Pfefferminze oder Korianderblätter.

KNOBLAUCH-CHAMPIGNONS

250 Gramm oder mehr feste, frische Champignons, Olivenöl, Knoblauch, Zitrone, 1 Bund glatte Petersilie

Sehen Sie zu, daß alle Champignonköpfe ungefähr die gleiche Bißgröße haben. Kleine Köpfe bleiben ganz, große werden geteilt, der Stiel wird ein wenig gekürzt. Hacken Sie drei bis vier Knoblauchzehen sehr fein, dann die Petersilie. Braten Sie die Champignons kurz in wenig Olivenöl an, und rütteln Sie die Pfanne. Wenn die Pilze zu bräunen beginnen, geben Sie den gehackten Knoblauch dazu, schwenken alles gut miteinander, salzen und pfeffern, spritzen den Saft einer halben Zitrone darüber, streuen viel gehackte Petersilie dazu, rühren alles einmal um und leeren die Pfanne in eine hübsche Schüssel. Dann träufeln Sie noch Olivenöl über die Pilze.

ORANGENSALAT MIT OLIVEN UND FENCHEL

8 bis 10 saftige Orangen, schwarze Oliven, 1 Eßlöffel Weißweinessig, 4 Eßlöffel Olivenöl, 1 Fenchelknolle

Salate

- **Orangensalat mit Oliven und Fenchel**
- **Linsensalat mit Krebsschwänzen**

Die Orangen, die schon ihre Haut hergegeben haben, werden jetzt verwendet. Entfernen Sie die ganze weiße Haut, schneiden Sie die Orangen quer in runde Scheiben und entfernen Sie die Kerne. Der Saft, der dabei auf das Brett läuft, wird aufgefangen. Richten Sie die Orangenscheiben auf einer großen Platte an. Aus dem aufgefangenen Orangensaft, dem Öl und Essig rühren Sie eine Marinade, die Sie mit Salz und frischem Pfeffer kräftig abschmecken.
Schneiden Sie ein paar entkernte schwarze Oliven in kleine Stücke, und hobeln Sie feine Scheiben von der rohen Fenchelknolle, die Sie über die leuchtenden Orangen verteilen. Gießen Sie jetzt die Marinade gleichmäßig über die sonnige Pracht.

LINSENSALAT MIT KREBSSCHWÄNZEN

1 Paket Linsen, Frühlingszwiebeln, 3 Tomaten, 300 Gramm gekochtes Krebsschwanzfleisch oder Garnelen, Weißweinessig, Öl, Pfeffer, Salz

Sie kochen die Linsen weich, lassen sie in einem Sieb abtropfen und würzen sie mit einer Marinade aus Öl, Essig, Pfeffer und Salz. Eventuell kann auch etwas Zucker hinein oder ein Schuß Portwein oder Sherry. Dann schneiden Sie die Tomaten in kleine Würfel und ein paar Frühlingszwiebeln in feine Röllchen und mischen sie unter die Linsen. Der Salat muß nun eine Stunde ziehen, dann garnieren Sie ihn mit dem Krebsfleisch.

EDLE MANDELSUPPE MIT KNOBLAUCH

1 Tasse (250 Gramm) nackte Mandeln,
150 Gramm Toastbrot ohne Rinde, 2 geschälte Knoblauchzehen, Salz, ungefähr eine halbe Tasse Olivenöl, 1 Eßlöffel Sherry-essig, 1 Liter sehr kaltes Wasser,
500 Gramm entkernte und gehäutete Trauben, Melonenstücke oder Äpfel

Wenn Sie nur ungeschälte Mandeln bekommen, müssen Sie sie kurz in kochendem Wasser blanchieren, um ihnen die Haut abzuziehen. Weichen Sie das Brot in wenig kaltem Wasser ein und geben das Brot, die Mandeln, Salz und Knoblauch fix in Ihre Küchenmaschine, oder lassen Sie den Zauberstab los. Während das Maschinchen arbeitet, gießen Sie in feinem Strahl das Öl und dann den Sherry-Essig dazu. Nun ist die Paste glatt und fein, und Sie können sie mit sehr kaltem Wasser verrühren. Die Suppe wird im Kühlschrank gekühlt. Neben der Terrine steht eine Schale mit Weintrauben, entkernt und gehäutet, von der man sich eine Portion auf den Teller nimmt. Die Mandelsuppe wird darübergeschöpft. In diese feine, kalte Knoblauchsuppe aus Malaga können Sie statt dessen aber auch Äpfel oder Melonenstücke legen oder sogar ein paar kleine, gedünstete Fischstückchen.

Große Fleischplatte und prächtige Braten

- **Hühnerschenkel rot und gelb**
- **Quasi Porchetta – Schweinebraten, wild gewürzt**
- **Tacchino tonnato und ein Puter mit Wonderbra**
- **Thunfischsauce**

Stellen Sie auf jeden Fall ein paar Platten mit kaltem Fleisch bereit. Verschiedene Salamisorten, Roastbeef und Schweinebraten, fertig aufgeschnitten, können Sie bei Ihrem Metzger kaufen. Sie richten die Scheiben nur adrett an und liefern dazu ein paar simple, aber hocharomatische Saucen wie Bagna cauda (siehe Seite 31) sowie ein süßscharfes Sößchen, schnell aus Marmelade, Senf und Portwein gerührt. Oder Pflaumenmus, mit Ingwer, Kardamom und Rotwein gewürzt.

HÜHNERSCHENKEL ROT UND GELB

1 Glas Tandooripaste, schwarze Sesamsaat, Madrascurry, Kokosraspeln, Öl, 1 großer Becher Joghurt, 20 Hühnerschenkel

Stellen Sie den Herd auf 175 Grad Umlufthitze. Alle Hühnerschenkel werden mit einem schweren Messer im Kniegelenk geteilt – das kann vielleicht schon der Fachmann im Geschäft erledigen – und auf zwei große Schüsseln verteilt. Sie gießen ein Glas Tandooripaste und Joghurt in die erste Schüssel, streuen einen Eßlöffel Sesamsaat, einen Teelöffel Salz und frisch gemahlenen Pfeffer dazu und reiben das Fleisch mit den Händen gut ein. Legen Sie die roten Fleischteilchen auf ein Blech.

In die andere Schüssel streuen Sie 1 bis 2 Eßlöffel Madrascurry und 2 Eßlöffel Kokosraspeln, gießen etwas Sonnenblumenöl darüber, massieren die ölige Würze ins Fleisch und belegen die andere Hälfte des Bleches mit diesen gelben Fleischteilchen. Ab ins Ofenrohr, bis die Schenkel gar sind und bei der Piksprobe kein rosa Saft mehr austritt.

KNOBLAUCHSCHENKEL

Oder Sie nehmen ein Paket gewürfelten Speck und ein Tütchen Salbeiblätter, pfeffern das Hühnerfleisch und vermischen es mit dem Salbei und den Speckstückchen. So kommen sie ins Ofenrohr.

Zwischen die Schenkel plazieren Sie acht ganze Knollen Knoblauch, die da bleiben, bis das Fleisch gar ist.

Im Speckfett nehmen die Hühnerschenkel Farbe und Geschmack an. Die Knoblauchknollen verbrennen an den Rändern zart oder heftiger. Sie werden, wenn sie gar sind, auf einem separaten Teller dekorativ angerichtet – brechen Sie ein paar Knollen auseinander, damit man sieht, wie sie zu gebrauchen sind. Wer möchte, kann sie gleich auszuzeln, oder man drückt den weichen Kern auf ein geröstetes Brot und salzt ein wenig.

QUASI PORCHETTA – SCHWEINEBRATEN, WILD GEWÜRZT

Wenn Sie einen sehr großen Ofen haben, können Sie vielleicht ein ganzes Spanferkel unterbringen; sonst nehmen Sie eben zwei Schweineschulterbraten. Die Gewürzmischung stellen Sie selbst zusammen und tragen sie zum Metzger, der Ihnen den Braten damit füllt und ihn auch ordentlich schnürt.

Lorbeer, Rosmarin, Muskatnuß, Knoblauch, Nelken, Koriandergewürz, Salz, Pfeffer und Rotwein

Halten Sie Ihre Nase über den Mörser, wenn Sie die Gewürze in mutigen Mengen zerstampfen und mischen, dann haben Sie eine Ahnung davon, wie der Braten duften wird.

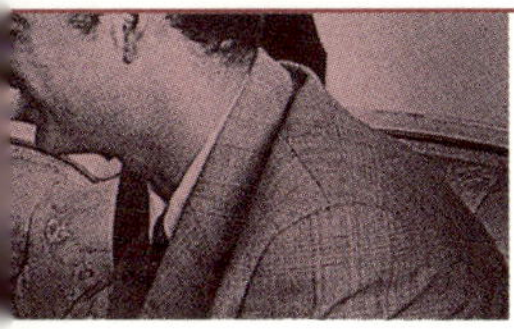

Das italienische Original muß mit seinen Gewürzen 12 Stunden ruhen und wird dann über Holzkohle gegart. Von Oberitalien bis Sizilien gibt es verschiedene Arten, das Schwein zu würzen. Weiter im Süden wird statt Nelken, Lorbeer und Koriander viel wilder Fenchel in die Mischung getan, der dem Braten einen ganz besonderen Geschmack verleiht. Während das Fleisch im Backofen schmort, begießen Sie es ab und zu mit Rotwein und mit dem fettigen Saft, der herausgelaufen ist.
Zu diesem Braten wird keine Sauce gereicht. Man ißt ihn solo mit Brot oder Gemüse.

TACCHINO TONNATO UND EIN PUTER MIT WONDERBRA

Ein Augen- und Gaumenschmaus könnte ein ganzer, kalter, bunter Puter sein. Lassen Sie ihn in der Mitte von kleinen Platten thronen, auf denen das optisch weniger attraktive, in feine Scheiben geschnittene, bleiche Brustfleisch mit einer samtgrauen, gekaperten Thunfischsauce ausgebreitet ist. Vitello tonnato ist eine beliebte italienische Vorspeise, die viel besser schmeckt, als sie aussieht. Wenn man die Speise mit Putenfleisch zubereitet statt mit gekochtem Kalbfleisch, sieht das zwar nicht besser aus, dafür hat man aber dann den Puter (außer den großen Bruststücken) für die Dekoration zur Verfügung und in den nächsten Tagen das kalte übrige Fleisch. Es schmeckt – mit einer aus Orangenmarmelade, Orangensaft und einem Spritzer Balsamessig gerührten Sauce – großartig zum Frühstück.
Ein Puter wird innen und außen gesalzen, mit Speckscheiben belegt und im Backofen 20 Minuten pro Kilogramm gebraten. Wenn er nach etwa zwei Stunden gar ist, nehmen Sie ihn heraus und lassen ihn auskühlen. Trennen Sie

die großen Bruststücke entlang dem mittleren Brustknochen ab. Falls Sie sehr viele Gäste erwarten, sollten Sie noch weitere Stücke Putenbrust, die Sie zusätzlich gekauft haben, in Brühe garkochen.
Plazieren Sie den Puter an das Kopfende einer großen Servierplatte. Sie können ihn mit Alufolie, die mit Grießbrei gefüllt ist, fixieren, damit er richtig thront, wobei Sie ihn auf ein prächtiges Schwanzgefieder aus Papier legen, das hinter dem Rücken aufragt. Schneiden Sie dafür nach Kinderart ein sehr großes Spitzendeckchen, das Sie zu einem Viertelkreis zusammenfalten. Nun füllen Sie dem Puter die ganze Brust wieder üppig mit festem Kartoffelbrei auf, streichen alles glatt und legen ihm ein elegantes Mieder aus sehr dünn mit der Schneidemaschine der Länge nach geschnittenen, ungeschälten Salatgurkenscheiben an, die Sie leicht überlappend vom Brustbein aus fächerartig um den Körper legen.
Am Brustbein entlang werden Radieschenscheiben und Oliven befestigt.
Die Schenkel bekommen weiße Manschetten aus Spitzendeckchen, damit man die Knochen nicht sieht, und das große Loch wird schamhaft mit einem Kräuterstrauß verschlossen. Die Gurkenbrust wird mit farblosem, noch flüssigem Gelee aus Gelatine und Wasser mehrmals eingestrichen. Die fleischernen Bruststücke häuten Sie, schneiden sie in sehr dünne Scheiben, am besten mit einer Maschine, und richten sie auf der Platte zu Füßen des Puters überlappend an.

THUNFISCHSAUCE

400 Gramm Thunfisch, in Öl eingelegt,
1 Zitrone, 2 Eier, 2 Eßlöffel Kapern,
1/4 Liter Speiseöl, Weißwein, Essig

Aus dem Saft der Zitrone, den beiden Eiern und dem Öl schlagen Sie in einem Rutsch in einem hohen Gefäß mit dem Zauberstab eine steife Mayonnaise, jagen den Thunfisch hinterher und geben einen Schuß Weißwein und einen Eßlöffel Essig dazu, damit alles ein bißchen flüssiger wird. Nun rühren Sie 2 bis 3 Eßlöffel voll Kapern dazu, und fertig ist die Sauce, die Sie gleichmäßig und flächendeckend über die Putenscheiben verteilen.

Grandioser Fisch

- Schnelle, prächtige Fischterrine
- Bunte Lachsforelle im Geleesee

SCHNELLE, PRÄCHTIGE FISCH-TERRINE

Sie brauchen so viele dünn geschnittene Scheiben von gebeiztem Lachs (Graved Lachs, gekauft oder selbstgemacht, siehe Seite 160), daß Sie damit Ihre Terrinenform auslegen können, und dicke Scheiben für eine oder zwei Lagen im Innenleben der Terrine, 50 Gramm Forellen- oder Lachskaviar aus dem Glas, 1/2 Liter saure Sahne, viel Dill, Gelatine, Pfeffer und Salz

Die saure Sahne gut salzen und pfeffern, der Dill wird fein gehackt und daruntergemischt. 15 Gramm (9 Blatt) Gelatine weichen Sie in kaltem Wasser ein, lösen sie in vier Eßlöffeln heißer saurer Sahne auf; dann geben Sie nach und nach die restliche Sahne zu der Gelatine und rühren dabei ständig – nicht umgekehrt, sonst gibt es Klumpen.
Legen Sie eine Terrinenform mit Alu- oder Frischhaltefolie aus, damit Sie die Terrine später besser herauslösen können. Die Lachsscheiben ordnen Sie so an, daß Boden und Seitenwände ganz bedeckt sind und die Scheiben noch über die Seiten lappen. Wenn nun die Dillsahne anfängt, fest zu werden, nicht vorher, können Sie sie verstreichen. Geben Sie eine Lage Lachskaviar darauf, dann wieder ein bißchen Sahne, dann dicht an dicht etwa zwölf schmale, fingerdicke Lachsscheiben, dann wieder Sahne. Dann klappen Sie die Ränder in der Mitte über der Terrine zusammen und schließen die Lücke mit weiteren Lachsscheiben. Nun kann die Terrine im Kühlschrank übernachten und dabei

ganz fest werden. Wenn Sie sie aus der Form auf eine Platte bugsiert haben, schneiden Sie die ersten Scheiben ab, damit jeder sehen kann, wie hübsch sie innen aussieht.

Variationen:

Statt mit Dill können Sie die saure Sahne mit kleingehackter, gekochter roter Bete färben. Statt saurer Sahne können Sie auch Schlagsahne nehmen und sie mit Meerrettich würzen, wenn Sie mögen, auch mit dem grünen, scharfen Wasabi aus Japan. Statt Lachs können gekochte Scampis oder Stücke von geräuchertem Aal oder Forelle hinein.

BUNTE LACHSFORELLE IM GELEESEE

Salzen Sie die ausgenommene Forelle inwendig, und füllen Sie ihr den Bauch mit frischen Kräutern aller Art. Biegen Sie sie ein wenig, und spannen Sie ein Küchengarn um Schwanzflosse und Kiemen, um das Tier zu fixieren. Wenn Sie einen großen Bräter haben, füllen Sie ihn ein paar Zentimeter hoch mit Wasser, streuen Kräuter, Lorbeerblätter, Salz und Pfefferkörner hinein (oder fertig abgepacktes Fischgewürz), legen den Fisch aufrecht hinein, so wie er schwimmen würde, und pochieren ihn bei geschlossenem Deckel und mittlerer Hitze. Gar ist er, wenn Sie die Rückenflosse leicht herausziehen können. Wenn der Fisch zu groß ist, setzen Sie ihn in Wasser in die Bratenpfanne des Herdes und decken ihn mit Alufolie ab. Wenn er gar ist, lassen Sie ihn vollständig auskühlen und bedecken ihn dabei mit feuchten Tüchern, damit er nicht austrocknet. Das können Sie gut einen Tag im voraus erledigen. Für die Präsentation des schmucken Fisches brauchen Sie eine große silberne Platte.

Heben Sie den Fisch mit zwei Paletten vorsichtig auf die Platte, damit er nicht bricht. Trennen Sie den Faden ab, und ziehen Sie dem Fisch, vom Rückgrat ausgehend, die Haut vom Leib, außer an Kopf und Schwanz.

Nun trocknen und säubern Sie die Platte um den Fisch herum mit Küchenkrepp. Mit Tüten-Kartoffelbrei, den Sie in Alufolie packen, können Sie jetzt ein paar Landschaften blühen lassen. Auf den silbernen Felsklippen stellen Sie Ihre Muschelsammlung aus; oder Sie dekorieren mit Austern, mit gekochten, geöffneten Muscheln, mit gekochten Scampis, kleinen Tintenfischen oder Calamares. Fehlt nur noch der blaue See.

FISCHVERZIERUNG

Das Fischfleisch hat eine schöne rosa Farbe und braucht nicht unbedingt aufwendig verziert zu werden. Es reicht auch, wenn Sie der Forelle eine Art Gittermuster aus ganz kurz blanchierten Schnittlauchhalmen über den Körper legen, einen blanchierten grünen Porreefächer, eine Stola aus kleinen Dillzweigen; oder Sie streuen ihr einen Streifen Forellenkaviar auf das Rückgrat – das hängt ganz davon ab, wie verspielt Sie sind.

Nach klassischer Art wird der Fisch großartig mit Mayonnaise verziert. Mayonnaise (siehe Seite 174) würzen Sie mit Knoblauch und färben sie portionsweise mit Tomatenmark oder Kurkuma, oder auch mit Lebensmittelfarbe. Entsteinte schwarze und grüne Oliven, hauchdünne Zitronenscheiben, dünne Karottenringe, Scheiben von hartgekochten Eiern, deutscher Kaviar, feine Radieschenscheiben: all das kann dazu dienen, dem Fisch ein glamouröses neues Schuppenkleid zu verpassen. Nehmen Sie einen Spritzbeutel, füllen Sie ihn mit Mayonnaise, und malen Sie dem Fisch ein neues Gewand, das Sie mit buntem Gemüse bekleben.

Im übrigen schmeckt so ein kaltes, mit Mayo dekoriertes Tier nicht recht nach Fisch und auch nicht nach Fleisch. Das muß einmal gesagt sein, und es ist vielleicht auch nur gerecht. Aber es sieht toll aus und macht gierig.

BLAUER GELEESEE

22 Gramm Gelatine (ca. 2 Päckchen oder 15 Blätter), Lebensmittelfarben oder farbiger Likör, knapp 2 Liter Flüssigkeit

Für einen flachen Meeresspiegel brauchen Sie nur einen halben Liter tiefblau oder gletschergrün gefärbtes Wasser nach der Packungsanweisung mit Gelatine zu erhitzen, die vorher in kaltem Wasser aufgequollen ist. Lassen Sie das Wasser etwas abkühlen und gießen Sie es um den Fisch und die silbernen Berge herum, wo es nun erstarren kann. Falls das Gelee zum Fisch gegessen werden soll, brauchen Sie mehr. Nehmen Sie Fischfond, den Sie kräftig mit Wein und Noilly Prat würzen. Sie gießen das Gelee, gefärbt oder ungefärbt, auf die Platte oder lassen es in einem Gefäß fest werden. In dem Fall können Sie das fertige Gelee mit einem großen Messer in kleine Stücke hacken, die Sie dann um den Fisch herumwabbeln lassen. Streuen Sie noch ein paar knusprige Fischli aus der Tüte in den See.

Die süße Abteilung

SCHNELLE PFLAUMENTORTE

3 Gläser entsteinte Pflaumen oder Marillen, auch Schattenmorellen und sogar stückiges Apfelkompott eignen sich dafür, 1 Tasse Haselnüsse, 2 Eßlöffel Mandeln, 1 Tasse Walnüsse, jeweils grobgehackt, 1 Tasse Zucker, 1 Teelöffel gemahlener Zimt, 2 Eßlöffel Mehl, 1 Tasse zerstoßener Zwieback, 1/4 Teelöffel Muskat

Heizen Sie den Backofen auf 180 Grad vor, und fetten Sie eine feuerfeste Form ein. Dann schichten Sie die abgetropften Früchte in die Form, mischen die anderen Zutaten zusammen und streuen sie über das Obst.
Die Muskatnuß reiben Sie am besten direkt frisch obendrüber.
Der Obstauflauf wird in etwa 20 bis 30 Minuten goldgelb gebacken und in der Form heiß auf das Buffet gestellt; er schmeckt auch kalt. Dazu gibt es Vanillesauce oder geschlagene süße Sahne.

DIE SÜSSE RACHE IN DREI ETAPPEN

650 Gramm Halbbitterschokolade, 10 Eier, 550 Gramm Zucker, 250 ml Wasser, 450 Gramm weiche Butter

Heizen Sie zunächst den Backofen auf 160 Grad vor (keine Umluft, sonst wird die Torte obenauf zu trocken und hebt sich nicht), und stellen Sie die Butter warm. Mit einem schweren Messer – der Blitzhacker überlebt das nicht – schneiden Sie die Schokolade klein, geben sie in einen Topf und hängen diesen in ein heißes Wasserbad, damit die Schokolade schmilzt. Ein Drittel des Zuckers erhitzen Sie mit dem Wasser in einem kleinen Topf, bis sich der Zucker ganz aufgelöst hat. Die Butter sollte weich sein, eventuell muß die Mikrowelle nachhelfen. Fetten Sie drei flache Backformen oder Auflaufformen in unterschiedlichen Größen, und streuen Sie sie mit Zucker aus. Schlagen Sie zwei Drittel des Zuckers mit den ganzen Eiern zehn Minuten lang mit dem elektrischen Besen, bis die Masse schaumig, hell und cremig ist und ihr Volumen verdreifacht hat. Nun gießen Sie den Zuckersirup mit der geschmolzenen Schokolade zusammen, verrühren beides miteinander und mischen es mit dem langsam schnurrenden Besen in den Eierschaum. Rühren Sie jetzt vorsichtig, bis alles gut verteilt ist und die Masse dunkelbraun und blasig aussieht. Sie gießen sie etwa 4 cm hoch in Ihre Backformen und stellen diese für etwa 50 Minuten in ein Wasserbad in den Backofen. Der Kuchen geht in der Hitze etwas auf und fällt beim Abkühlen wieder zusammen. Dabei bricht die Oberfläche ein, aber das macht gar nichts.

Eine Garprobe mit einem Holzstäbchen führt nur dazu, daß Sie den Kuchen länger im Ofen lassen, obwohl er schon gut ist; denn am Stäbchen klebt sogar nach drei Stunden noch Teig. Spätestens dann dämmert es einem, daß das so sein soll. Andrerseits macht diesem Kuchen auch eine lange Backzeit nichts aus. Bauen Sie den Kuchen auf einer Etagère auf, so daß er erhöht prangt. Sie schichten die drei Scheiben aus Ihren Formen der Größe nach aufeinander; in die Mitte setzen Sie ein Plastikspielzeug oder irgendeinen anderen lustigen Quatsch. Dann füllen Sie Puderzucker in ein Sieb und lassen

ihn über die süße Rache schneien. Der Kuchen ist innen saftig, er schmeckt so süß und schwer wie feste Mousse au chocolat, legt sich sanft wie diese direkt auf die Hüften und hält sich im Kühlschrank über eine Woche lang. Wenn Sie zu diesem Kuchen noch gesüßte Schlagsahne essen, haben Sie die Vÿlleschwelle schnell erreicht. Viel besser ist eine gut gekühlte Crème fraîche, eine saure Sahne oder sogar Vollmilchjoghurt.

Schlampentip

Wenn Sie keine drei Backformen gleicher Gestalt in verschiedenen Größen haben, machen Sie sich nichts daraus – Sie nehmen irgendwelche Formen und gießen sie gleich hoch aus. Die süße Rache kann auch als hoher, spitzer Berg aus gebrochenen oder geschnittenen Stücken daherkommen – gut mit Puderzucker beschneit, sieht er allerliebst aus. Ganz davon abgesehen, daß manche Gäste vielleicht gern ein Bröckchen probieren, aber ein ganzes Tortenstück ablehnen würden.

ERDBEEREN MIT GRÜNEM PFEFFER UND SCHLAGSAHNE

Erdbeeren für eine große, silberne Schale, Zucker, Grand Marnier, grüner Pfeffer im Glas

Wirklich aromatische Erdbeeren haben irgendwelche Fisematenten nicht nötig, aber diese Verfeinerung bekommt auch ihnen gut und nicht nur den faden, schnell gereiften Sorten. Zunächst werden die Erdbeeren von Stielen und Blütenansatz befreit und halbiert, falls sie sehr groß sind. Zuckern Sie die

Erdbeeren und beträufeln Sie sie mit Grand Marnier. Wenn sie nach einer Stunde gut mariniert sind, streuen Sie die abgetropften, kleinen grünen Pfefferkörner darüber. Diese Erdbeeren kommen ohne Schlagsahne aus. Mit schmecken sie freilich auch. Würzen Sie doch einmal Mangospalten auf die gleiche Weise, wenn Sie keine Erdbeeren bekommen.

MARONENPARFAIT MIT BÜHNENNEBEL

400 Gramm Eßkastanienpüree (Maronen), 1/8 Liter Milch, 4 Eigelb, 80 Gramm Zucker, 1 Eßlöffel Honig, 2 Eßlöffel Rum, 250 Gramm Schlagsahne, 125 Gramm Zucker

Dies ist ein originelles Dessert, das zwar viel Mühe macht, aber dann zubereitet werden kann, wenn gerade Zeit dafür vorhanden ist.
Kaufen Sie am besten Maronenpüree in der Dose und für die Dekoration ein paar frische oder eingeschweißte ganze Maronen. Schlagen Sie zunächst die Sahne und stellen Sie sie kühl. Dann rühren Sie Eigelb und 80 Gramm Zucker über fast kochendem Wasser schaumig, gießen nach und nach 1/8 Liter Milch unter die Masse und schlagen sie zu dünnflüssiger Creme. Nicht kochen, sonst gerinnt das Eigelb. Kastanienpüree in die warme Masse rühren, einen Schluck Rum und den Honig dazugeben. Nun stellen Sie die Rührschüssel in kaltes Wasser und schlagen alles, bis es sich wieder abgekühlt hat. Dann heben Sie die geschlagene Sahne unter die kühle Masse. Gießen Sie alles in eine Kuppelform, und ab in den Tiefkühler damit, für mindestens vier Stunden. Wenn Sie das Parfait stürzen wollen, müssen Sie die Form in heißes Wasser tauchen, damit das Parfait kurz anschmilzt. Stechen Sie einen Zahnstocher

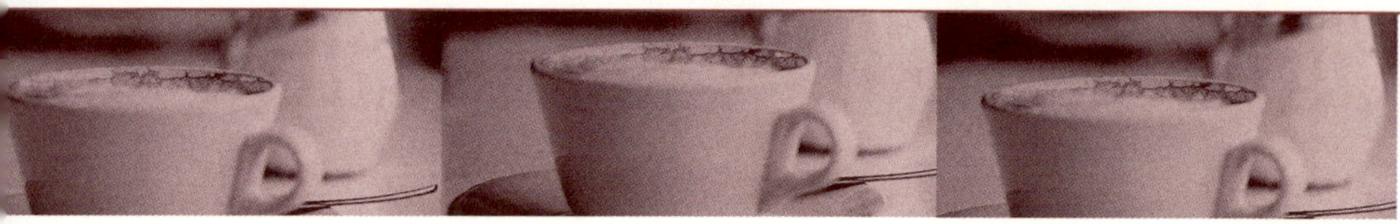

oder ein hölzernes Schaschlikspießchen in die ganzen Kastanien, oder piksen Sie sie mit einer Gabel auf. 200 Gramm Zucker werden in einen Topf gestreut und in etwa drei Minuten geschmolzen. Wenn der Zucker golden wird und anfängt zu karamelisieren, geben Sie noch 30 Gramm geraspelte, halbbittere Kuvertüreschokolade hinzu und verrühren sie gut. Nehmen Sie den Topf vom Herd, tauchen Sie 6 bis 8 Maronen, auf Holzspießchen gesteckt, hinein, und lassen Sie die schwarzen Knubbel auf einem Teller abkühlen.

Nur damit Sie wissen, was Sie alles anstellen können, wenn Ihnen danach ist: Stecken Sie die Holzstäbchen ganz hindurch, so daß Sie die Maronen zum Beispiel zwischen zwei Schachteln ablegen können, wo sie ohne Berührung einen langen Tropffaden ziehen. Damit der nicht bricht, wird er mit einer Schere fünf Zentimeter lang abgeschnitten.

Lassen Sie die karamelisierten Maronen gut abkühlen, bevor Sie sie vom Hölzchen streifen, denn kochender Zucker ist erheblich heißer als kochendes Wasser. Die schwarzen Strahlenmaronen legen Sie um die Kuppel herum auf einen flachen, runden Teller, den Sie auf einen umgedrehten Topf in eine große, runde Schüssel stellen, so daß der Parfait-Teller hoch auf einem Podest über die große Schüssel ragt. Erst wenn die Schüssel an ihrem Platz steht und der Parfait-Teller plaziert ist, geben Sie, mit einer Zange und einem Schutzhandschuh bewaffnet, ab und zu ein paar Brocken Trockeneis in die Schüssel. Nun können Sie zusehen, wie die kalten Dämpfe theatralisch über den ganzen Tisch und um die Parfaitkuppel herum wabern. Bestellen Sie das Trockeneis in der Apotheke, dort verpackt man es Ihnen in Styroporbehälter.

Schlampentip

Eigentlich ist der Dampf allein schon so attraktiv, daß Sie dafür Ihre vorhergehenden Mühen reduzieren sollten. Rühren Sie kein Parfait, sondern lassen Sie

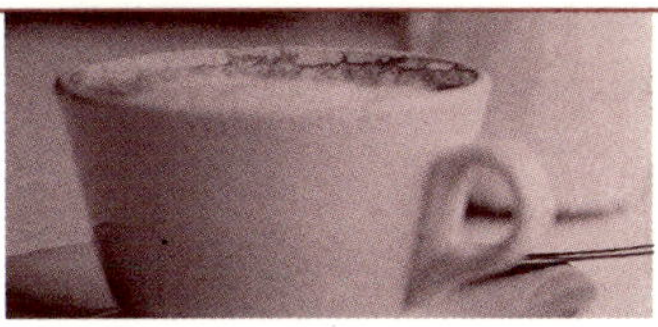

eine Packung fertiges Vanilleeis kurz antauen, vermischen Sie es mit Biskuitstückchen, die Sie mit Amaretto getränkt haben, sowie mit Schokostückchen, und drücken Sie es halbgefroren in die Kuppelform, die Sie wieder einfrieren. Dekorieren können Sie auch mit Früchten wie Physalis, mit Schokolinsen oder vielen bunten Smarties.

PROFITEROLES-PYRAMIDE MIT KARAMELFÄDEN UMSPONNEN

Für die Pyramide brauchen Sie etwa vierzig bis fünfzig kleine Windbeutel, groß wie Golfbälle und süß mit Vanillecreme gefüllt. Das geht ganz leicht, aber Sie können für die Füllung auch einen Vanillepudding aus der Tüte anrühren und ihm mit Schnaps ein wenig Charakter geben, oder Sie nehmen gesüßte Schlagsahne. Und wenn Sie gar keine Zeit zum Backen finden, sondern nur scharf auf die effektvolle Gestaltung sind, greifen Sie zu den fix und fertig gefüllten Windbeuteln aus der Tiefkühltruhe im Supermarkt.

BRANDTEIG FÜR PROFITEROLES

Profiteroles sind kleine Windbeutel. Sie brauchen für 45 Stück 1/2 Liter Wasser, 1/2 Teelöffel Salz, 200 Gramm Butter, 300 Gramm Mehl, 8 Eier

Heizen Sie den Backofen auf 200 Grad vor. Sie kochen das Wasser, salzen es und fügen die Butter hinzu. Sobald die Butter geschmolzen ist, streuen Sie bei mittlerer Hitze das ganze Mehl auf einmal dazu und rühren dabei ständig mit einem Kochlöffel. Bald bildet sich ein Klumpen, den Sie noch zwei Minuten lang umherwälzen und dann vom Herd nehmen. Verrühren Sie schnell ein Ei nach dem anderen in dem Teig. Nicht alle auf einmal! Fetten Sie ein Backblech ein, und bestäuben Sie es mit Mehl. Nun nehmen Sie am besten einen Spritzbeutel und spritzen in einigem Abstand kleine Häufchen von der Größe einer Walnuß auf das Blech. Das geht auch mit zwei Teelöffeln. Backen Sie die Profiteroles etwa 20 Minuten im Ofen, bis sie goldbraun sind.

VANILLECREME FÜR DIE FÜLLUNG

1/2 Liter Milch, 1 Vanilleschote,
100 Gramm Zucker, 1 Prise Salz, 6 Eigelb,
6 Blatt Gelatine

Mit einem Messer schlitzen Sie die Vanilleschote auf, kratzen das Mark heraus und erhitzen es zusammen mit der Milch. Der Zucker wird zusammen mit Salz und den Eigelben in einer Schüssel hellcremig-schaumig gerührt. Die heiße Milch wird unter Rühren langsam zur Eier-Zucker-Mischung hinzugegossen, und dann leeren Sie den gesamten Schüsselinhalt wieder zurück in den Milchtopf. Rühren Sie nun bei mittlerer Hitze immer weiter, bis die Creme dick wird. Sie darf nicht anfangen zu blubbern. Ziehen Sie sie sofort vom Herd und lassen sie abkühlen, während Sie weiter rühren. Falls sie doch zu heiß geworden ist, gießen Sie sie schnell in ein kaltes Gefäß um. Lösen Sie 6 Blatt Gelatine auf, rühren Sie sie in einem Schälchen mit etwas heißer Sauce an, und geben Sie dann alles in den Topf zurück.
Mit einem Spritzbeutel mit langer Tülle wird die Creme in die fertig gebackenen und ausgekühlten Profiteroles injiziert.

Ideal für den wackeligen Aufbau ist eine Platte mit einer rechteckigen Mulde. Legen Sie die Grundfläche mit Profiteroles in Reih und Glied aus. Jedes weitere Stockwerk wird an allen Seiten um eine Reihe schmaler. Beginnen Sie mit dem Aufbau erst, wenn der Karamel fertig ist. Dieses sehr fragile Gebilde bekommt Festigkeit dadurch, daß Sie etwas Karamelmasse darüberkleckern, die die einzelnen Stockwerke miteinander verklebt.

KARAMELGESPINST

Das Zuckergespinst wird am besten mit einem abgesägten Schneebesen gewirkt, aber eine Gabel tut es auch. Lösen Sie ein paar Eßlöffel Zucker in einem Stieltopf auf. Zum Rühren sollten Sie nur einen hitzebeständigen Holzlöffel verwenden. Der Zucker beginnt, sich zart goldgelb zu färben. Nehmen Sie den Topf schnell vom Herd, denn der Zucker wird dunkel und ist im Nu verbrannt. Der Karamel darf nicht mehr fließen, sondern muß so weit abgekühlt und fest sein, daß er glitzernde Fäden zieht. Stellen Sie den Topf direkt neben die Pyramide und ziehen den Karamel ganz schnell in allen Richtungen um die Pyramide herum, bis das Gespinst dicht ist wie ein goldener Kokon. Der Anblick ist wunderschön, aber leider hält er nur etwa drei Stunden, weil die Zuckerfäden Feuchtigkeit anziehen, Tautropfen bilden und schließlich schmelzen. Fangen Sie deshalb erst an zu spinnen, wenn die Gäste kommen. Sie können sich dann sogar frech auf den Tom-Sawyer-Effekt verlassen: Alle wollen unbedingt auch mal Zucker spinnen. Sie gehen derweil tanzen. (Tom Sawyer konnte nicht nur faulenzen, während seine Freunde den ganzen Zaun für ihn strichen, sondern er bekam sogar noch jede Menge Schätze dafür, daß er sie streichen ließ.)

Das Fünfziger-Jahre-Buffet

Sogar unter unseren besten Freunden gibt es Fünfzigjährige. Und da die Zeit danach ist, können wir ein Fünfziger-Jahre-Buffet zusammenstellen, das überaus geschmeidig zur Schlampengesinnung paßt.

Das Fünfziger-Jahre-Buffet erfordert einige stilistische Bemühungen. Kulinarisch darf man freilich nicht sehr viel davon erwarten; damals war man noch nicht so verwöhnt und weltweit inspiriert, eher provinziell. Es war die Nachkriegs- und Vor-Pesto-Zeit. Zwar strömten Italiener ins Land, aber sie brachten uns kulinarisch zunächst nur Eis – Oregano kam später. Dafür ist das Buffet billig und sehr leicht herzustellen; und der Geschmack ist ja nicht schlecht, nur ein bißchen arm. Wichtiger ist hier die Optik.

Sie sollten ein Cocktailschürzchen tragen, mit Lätzchen und Schößchen, einen Petticoat oder Caprihosen und sich einen engen, breiten Gürtel um die Taille würgen.

Die Haare bitte zum Pferdeschwanz, wenn's geht. Oder kurz und mit Pony, oder lang und mit Pony. Die Männer könnten sich eine Tolle kämmen, wenn sie die Haare dazu noch hätten. Wenn Sie einen Raum fast leerräumen und alle Glühbirnen durch rote ersetzen, kriegen Sie einen 1a Tavernenlook hin. Auch ultraviolettes Licht erspart Dekorationsprobleme.

Hauptsache, alles ist schön schummerig, vielleicht sogar mit Fischernetzen dekoriert und mit Kerzen, die auf alte Chiantiflaschen tropfen. Eine beliebte Tischdekoration der fünfziger Jahre waren Zitronenschweine, die ab und zu Glückspfennige im Maul trugen und immer Gewürznelkenaugen und Streichholzbeine hatten.

Pat Boone und die Everly Brothers, Perry Como, Frank Sinatra und schließlich Elvis standen musikalisch für elegante Männlichkeit. Sie lockten mit Samtstimmen und unverschämter Erotik aus der Ferne. Deutsche Männer waren aus dem Krieg, wenn überhaupt, gedemütigt zurückgekehrt, und auch zur Rehabilitierung ihrer Männlichkeit bauten sie die Wirtschaft ruck, zuck wieder auf. In Deutschland waren es lange Jahre Frauen, die für Eleganz und Erotik, für Luxus und Alltagskultur zuständig waren. Was bei der Alltagskultur an Possierlichem entstand, wird an dem häuslichen deutschen Partybuffet museal sichtbar. Dieses Buffet ist so leicht zu zaubern, wie es beschrieben wird.

Sein kulinarisches Herzstück sind Fleischsalat und Geflügelsalat; eventuell auch Heringssalat und Nudelsalat – fragen Sie Ihre Tanten.

Wenn kochen heißt, eine Geschichte zu erzählen, so handelt die deutsche Geschichte, die dieses Buffet erzählt, davon, daß man eine Zeit von Hunger und Not hinter sich hatte und nun nach kunterbunten Genüssen, nach eleganten Mischgetränken und Cocktails amerikanischer Art gierte. Nach pikanten Reizen und nach Schönheit. Den Menschen war nicht nach naturbelassenen Lebensmitteln. Die hatten, wenn es sie überhaupt gab, arg nach naturbelassener Armut geschmeckt; und manch einer verabscheut auch heute noch den charaktervollen, ausdrucksstarken Geschmack von Steckrüben und Kohl, weil er die Geschichte nicht mehr hören mag, die dieses Gemüse erzählt. Man ließ sich den verführerischen Ausdruck *mixed pickles*

auf der Zunge zergehen, man wollte nicht mehr leiden oder lernen, sondern vergessen und können. Nicht nur reparieren und schuften, sondern gleich ganz neu hochziehen und haben. Insofern hängt der Geschmack dieses Buffets davon ab, wie leidensfähig Sie als verwöhntes Kind der späteren Jahre sind. Kaufen Sie die Salate fix und fertig im Supermarkt. Auch damals kam das meiste aus der Dose und aus dem Glas – das stand für Luxus, Vielfalt und Schönheit,

und die Hausfrau konnte zum Friseur gehen und sich die Nägel dschungelrot lackieren,

bevor sie mit ihrem sexy Cocktailschürzchen an die Arbeit ging. Auf all dies können Sie sich jederzeit berufen, denn Ihre schlampige Gesinnung wird ganz solide durch Authentizität gestützt.

FLIEGENPILZE

20 hartgekochte Eier, 10 Tomaten, Mayonnaise aus der Tube, Senf, Speiseöl, Salz, Pfeffer

Die Stämme der Pilze bestehen aus hartgekochten Eiern, denen auf der runden Seite eine kleine Kappe abgeschnitten wird, damit sie stehen können, und auf der spitzen Seite eine große, damit man das Eigelb herausholen kann. Das Eigelb wird in einer Schüssel gesammelt, kräftig gepfeffert und gesalzen, mit etwas Öl und einem Eßlöffel mittelscharfem Senf vermischt und mit einer Gabel glatt gerührt oder, besser, durch ein Sieb gestrichen. Dann befördert man die gelbe Masse mit Spritztüte oder Löffelchen zurück in die weißen Eier. Obenauf werden Tomatenkappen gesetzt, auf die mit der Mayonnaisentube helle Punkte getupft werden.

GEFÜLLTE TOMATEN

1 Pfund Fleischsalat, direkt von der Theke gekauft, dazu die geköpften Tomaten, die von den Fliegenpilzen übriggeblieben sind

Fleischsalat wurde damals und wird deshalb auch heute fix und fertig gekauft. Er schmeckt garantiert (fast) noch genauso.
Die Tomaten werden mit einem Löffelchen ausgehöhlt und dann mit Fleischsalat gefüllt. Vergessen Sie bloß nicht, auf alles, was Sie anrichten, ein Zipfelchen krause Petersilie zu setzen – schick, nicht?

KÄSE-IGEL

1 Pampelmuse, junger Gouda, hölzerne Zahnstocher, Cornichons, Maiskölbchen, Oliven

Sie schneiden den Gouda in mundgerechte Stücke, spießen diese mit den Zahnstochern auf, auch mehrere übereinander, und stecken sie rundum in die Pampelmuse. Zack! Zack! Fertig!

PUMPERNICKEL MIT KÄSE

2 Päckchen Pumpernickel, 250 Gramm geschnittener Gouda oder Schmelzkäse mit Sahnegeschmack, Salz, Paprika, Senf, Madeira, Zahnstocher

Belegen Sie jeweils drei Scheiben Pumpernickel mit Käse, türmen alles aufeinander und vierteln dann den ganzen Block. Dann piken Sie mit hölzernen Zahnstochern durch die vier Türmchen hindurch.

Die Schmelzkäseecken geben nicht nur gute Radiergummis ab, sie lassen sich auch mit Paprika und Madeira, mit Senf und Butter zu einem pikanten Aufstrich vermatschen. Die Pumpernickelscheiben sehr dick damit bestreichen, aufeinanderschichten, beschweren und im Kühlschrank kalt stellen.

Danach können Sie sie in Dreiecke oder Quadrate schneiden und mit Zahnstochern verfestigen.

EIER-ERBSEN-SALAT

1 Kilo feine Erbsen aus der Dose, 6 hartgekochte Eier, 1 Dose schlabbrige, in Scheiben geschnittene Champignons, Mayonnaise

Die Erbsen und die Champignons müssen abtropfen, die Eier werden hart gekocht, gepellt und grob gehackt. Rühren Sie die Mayonnaise hinein – nicht weiter würzen oder herumfummeln; der Salat schmeckt gut. Stecken Sie in die Mitte höchstens ein Büschelchen Petersilie, von der krausen.

ILLUSTRIERTE GURKE

Gewürzgurken oder Salzgurken, Eier-Erbsen-Salat, Salzstangen

Die Gurken werden der Länge nach halbiert und mit Salat gefüllt. Dann bohrt man zwei Salzstangen hinein, unten eng, oben weit, und hängt ein paar Zwiebelringe darüber. So geschmückt, sollen die Gurken eine Platte sternförmig illustrieren, in deren Mitte der Fleischsalat hockt.

GURKENKÖRBCHEN

Salatgurken, Fleischsalat oder Geflügelsalat, fertig gekauft

Die Gurken schälen, in 20 cm lange Stücke schneiden und aus den Stücken Körbchen schnitzen. Zuerst wird der Henkel mit dem Messer quer angedeu-

tet, dann muß man rechts und links davon das Gurkenfleisch herauslösen, damit eine Höhlung entsteht. Diese Körbchen werden mit Fleischsalat gefüllt. Das war eine beliebte Delikatesse und aus heutiger Sicht der Beweis dafür, wie man mit wenigen Zutaten viel Unsinn anrichten kann.

SPARGELRÖLLCHEN

Spargel im Glas, 10 Scheiben gekochter Schinken, Mayonnaise, ein paar Löffel vom Eier-Erbsen-Salat

Der Spargel wird abgetropft und zu je drei Stangen in Schinkenscheiben gewickelt. Tüten- oder rollenartig, das ist egal, Hauptsache, die Spargel lugen aus dem Schinken heraus. Sie bekommen einen fetten Klacks Mayo ab.
Andere Schinkentüten oder -rollen füllen Sie mit einem Löffel vom Eier-Erbsen-Salat und drücken noch einen kessen Streifen mit der Tube obendrauf. Fertig ist eine weitere Delikatesse für das Buffet.

RUSSISCHE EIER

10 Eier, Butter, Deutscher Kaviar

Sie kochen die Eier 12 Minuten, dann sind sie innen bläulich und beinhart, schrecken sie unter kaltem Wasser ab, pellen sie und halbieren sie der Länge nach. Prokeln Sie das Eigelb heraus und zerdrücken Sie es zusammen mit einem Stück Butter mit Hilfe einer Gabel. Etwas salzen und pfeffern und in einen Spritzbeutel füllen.

Die leeren Eihöhlen werden mit dem schwarzen Seehasenrogen gefüllt, und mit der Spritztüte klecksen Sie nun gelbe Häufchen um den schwarzen Fleck herum auf den weißen Eirand.

WÜRSTCHEN VOM TISCHGRILL

Ein Weißkohl oder Rotkohl, jede Menge kleine Cocktailwürstchen in Gläsern, Schaschlikspieße

Ein Weißkohlkopf wird am Strunk ordentlich begradigt, so daß er sicher stehen kann und nicht kullert. Schneiden Sie oben eine handflächengroße Mulde hinein, in die ein Stückchen Esbit oder Trockenspiritus kommt. Außerdem stecken Sie noch dicht an dicht an langen Schaschlikspießen aufgespießte Würstchen rundherum im Kohl fest. Wenn der Spiritus brennt, kann sich jeder sein Würstchen über der Flamme ansengen, bis es zischt und spritzt und platzt. Dazu gibt es eine Mayonnaise, die mit Ketchup und viel Tabasco scharf gewürzt wird.

Daneben liegt die Platte mit einem weiteren Berg dieser Mini-Würstchen. Das sieht alles sehr niedlich aus, und dieses Gebilde kann auf dem Buffet den Blickfang bilden. Es wird also höher gesetzt als die anderen Platten, mit Hilfe von Schüsseln oder Büchern, die unter dem Tischtuch für verschiedene Ebenen sorgen.

FALSCHER HASE

Für 12 Personen: 1 Kilo gemischtes Hack, 2 altbackene Brötchen oder Toastbrot, 2 gewässerte Sardellen, 1 Zwiebel, Petersilie, Pfeffer und Salz, 2 Eier, 3 harte Eier, 1 Eßlöffel saure Sahne, 1 Teelöffel Kapern, 100 Gramm dünngeschnittenen fetten Speck, einige Gewürzgürkchen

In den Fünfzigern war der Braten zumeist ein Hackbraten.
Sie weichen die Sardellen in Wasser ein und die Brötchen ebenfalls. Kochen Sie drei Eier 12 Minuten lang, bis sie hart sind, und pellen sie ab. Sie hacken die Zwiebeln und die getrockneten, gewässerten Sardellen und mischen sie mit zwei frischen Eiern, der Sahne, den Kapern und dem Hackfleisch. Das macht man mit den Händen. Schmecken Sie mit Salz und ordentlich Pfeffer ab. (Wenn Sie das roh nicht mögen, zweigen Sie einen kleinen Knubbel ab, den Sie mal schnell in der Pfanne braten.) Dann formen Sie einen festen, brotähnlichen Laib, schneiden ihn längsseitig auf und legen die drei gekochten Eier und ein paar Gürkchen hinein.
Schließen Sie den Laib wieder, und drücken Sie ihn fest. Setzen Sie den Braten in eine Form, die mit den Speckstreifen ausgelegt ist; nun kann er im Ofen in dreißig bis vierzig Minuten braun und lecker werden. Er schmeckt sowohl warm als auch kalt sehr gut.

RAFFINÖSE SAUCEN

Tubenmayonnaise oder Mayonnaise aus dem Glas wird mit viel Curry und einer zerdrückten Banane ganz exotisch verschärft.
Man kann sie auch mit Tabasco und Ketchup färben und anheizen.
Mit gehackten Gürkchen, Zwiebeln und Kapern wird aus jeder Mayonnaise eine Remoulade.
Worcestershiresauce und Ketchup verzaubern auch.

MIXED PICKLES

Konservierte Maiskolben, Perlzwiebeln, Gewürzgurken, Paprikastreifen «Puszta»

Gläser auf, Wasser abgießen, alles zusammen in eine Schale schütten – fertig.

OBSTSALAT

Ein paar Dosen Libby´s-Fruchtcocktail

Diese süße Variante der *mixed pickles* besteht aus verschiedenen Früchten, die sich einander in der Dose geschmacklich verblüffend angeglichen haben. Macht nichts, Maraschino drüber oder einen anderen Likör. Das schmeckt auch mit geschlagener Sahne gut.

PAMPELMUSENKÖRBCHEN

15 Pampelmusen, 5 Bananen, 1 kleine Dose Ananas, 1 Päckchen Mandelstifte, Likör

Halbieren Sie die Pampelmusen, und zacken Sie dabei zierlich den Rand ein. Dann lösen Sie das Fruchtfleisch ohne Häutchen mit einem kleinen Löffelchen heraus, entfernen alle Kerne und auch die weißen Rippen in der Frucht.
Das Fruchtfleisch wird gehackt, mit kleingeschnittenen Bananenscheiben, abgetropften und zerschnittenen Dosenananas und ein paar Mandelstiften vermischt, in die Pampelmusenkörbchen gefüllt und mit Orangenlikör, Cognac oder Maraschino begossen.

KALTER HUND

Bahlsen-Leibniz-Kekse, 250 Gramm Palmin,
200 Gramm Puderzucker, 2 Eier,
50 Gramm Kakao, 1 Eßlöffel Pulverkaffee,
1 Eßlöffel Rum, 1 Prise Salz

Das war lange auch ein beliebter Kuchen bei Kindergeburtstagen. Wenn Sie Kuvertüre-Schokolade nehmen, brauchen Sie kein Palmin, aber dann begehen Sie eine historische Fälschung.
Schmelzen Sie das Palmin, und rühren Sie den Puderzucker, den Kakao, den Kaffee, Eier und Rum hinein.
Legen Sie eine Kastenform mit Backpapier aus, ordnen zuerst eine dichte Lage Kekse, die Kanten haben wie Babyzehen, auf den Boden der Form, und gießen Sie darauf die erhitzte, flüssige Kakao-Fett-Masse. Dann wieder Kek-

se, dann Kakao, und so weiter, bis obenhin. Den Abschluß bildet die Kakaomasse. Wenn die Form ausgekühlt ist, wird der Kalte Hund gestürzt und in fingerdicke Scheiben geschnitten.

BOWLE

500 Gramm Ananas oder Pfirsich oder Beeren, 200 Gramm Zucker, 1 Likörglas Kirschwasser, 3 Flaschen weißer Rhein- oder Moselwein, 1 Flasche Perlwein

Alles zusammengießen und genießen. Wenn mehr Schnaps hineinkommt oder sogar eine Mischung und dazu viel Zucker, wird die Bowle gefährlich. Damals waren sie hart im Nehmen und liebten die Bowle auch deshalb, weil ihnen der billige Wein dafür gut genug war.
Man trank auch sehr gern Afri-Cola mit Rum oder Whiskey. Und viel durcheinander. Ein Korn stand auch immer auf dem Buffet bereit, und so wurde die eigentlich harmlose Bowle manches Mal zum Kopfschuß.

S VUITTON

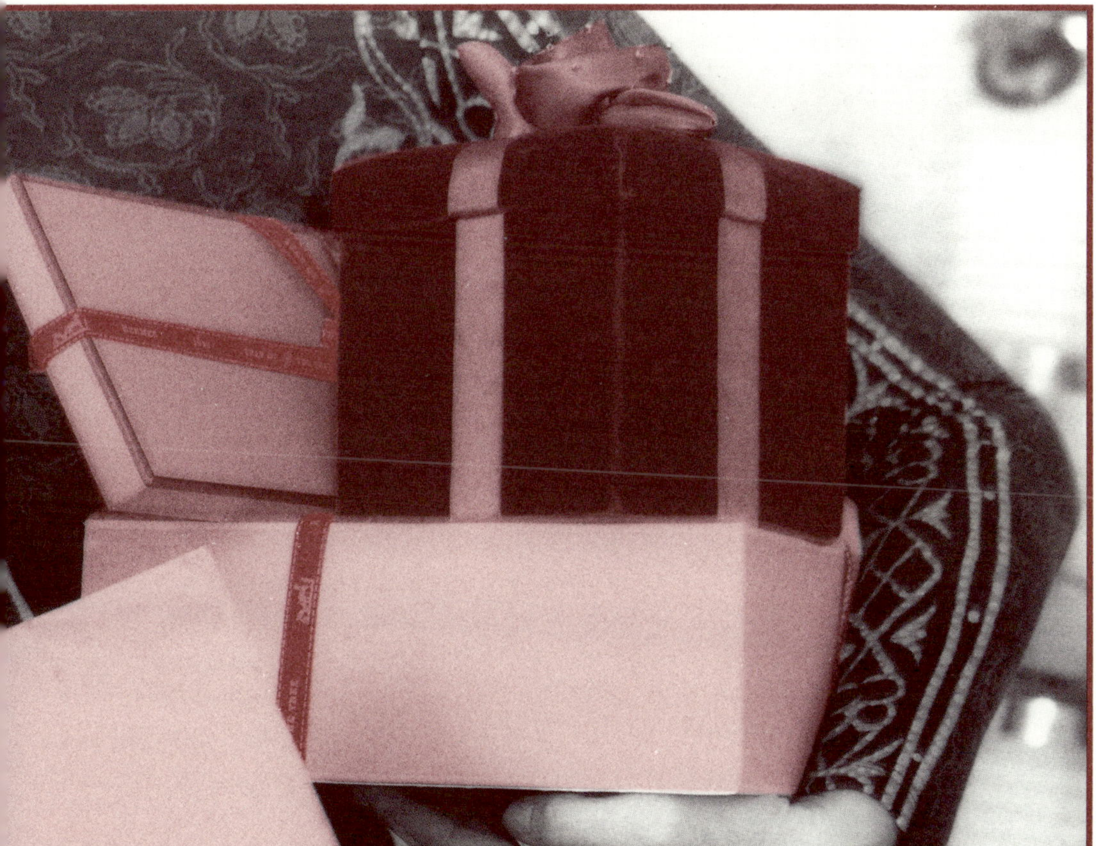

Der Heilig-Abend-Blues

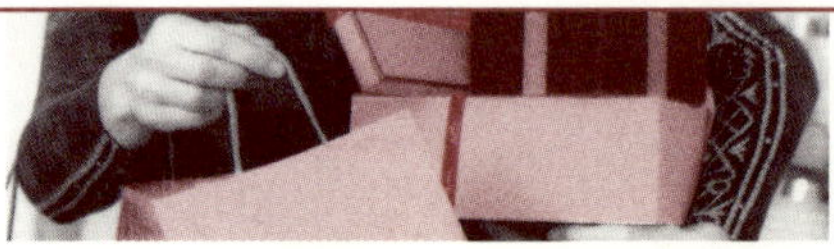

Kinder lieben den Heiligen Abend, weil sie die meisten Geschenke bekommen. Ihre Omis glitzern im Festtagsschmuck, die Familie ist endlich wieder ziemlich vollzählig beisammen. Kinder genießen das, aber Erwachsene möchten in ihrem täglichen Trott ungern unterbrochen werden. Allein der Gedanke daran, glückliche Familie spielen zu müssen, fällt manchem sogar in kompletten Mami-und-Papi-Familien schwer. Richtig unter emotionalen Druck geraten alleinerziehende Elternteile, die sich mit Omis und Tanten behelfen müssen. Da kriegen die Kinder manchmal noch mehr Geschenke, und so gesehen ist für sie auch das in Ordnung.

Erwachsene Söhne und Töchter, die selbst keine Söhne und Töchter haben, lassen sich zum Jahresbesuch ergeben auf Muttis Sofa nieder.

Die größten Probleme haben aber Singles, die sich an diesem Abend schmerzhaft einfaseln, daß sie nicht richtig leben, weil sie nicht wenigstens einen Partner auf Zeit über den Gabentisch ziehen können.

Oder sie behaupten aus lauter Angst vor der selbstquälerischen Erkenntnis, Weihnachten sei so was von blöd, daß sie statt dessen den Club Med auf Hawaii buchen müßten. All die Heimatlosen, Scheidungssingles, Paare ohne weiteren Anhang, Töchter und Söhne, die ihre Anstandsbesuche hinter sich haben, Eltern, bei denen gerade die Omi zum Babysitten eingetroffen ist, schwule Freunde mit Mama oder die einsamen Karrieretypen, die sonst die Heulerei kriegen – laden Sie die doch mal zu einem späten Lumpensammler-Weihnachtsabend ab etwa elf Uhr ein.

Bis dahin sind die falschen Geschenke überall verteilt, die Enttäuschungen und der Karpfen sind verschluckt, Streß und Verkrampfungen haben sich gelöst, die Gemeinheiten sind ausgesprochen, die Peinlichkeiten begangen, die Langeweile hat ihren Höhepunkt erreicht, der Familienkrach hat stattgefunden. Nun kann man sich, ohne grobes Ärgernis zu erregen, verabschieden, verziehen, wegschleichen. Es kann nur besser werden.

Solche Weihnachts-Spätlesen haben ihren ganz speziellen Reiz, besonders für den Gastgeber.

Da stehen sie dann alle in der Tür, mit weichen Gemütern, die meisten richtig festlich gekleidet, geschminkt und geschmückt, haben ein paar Geschenke dabei und sind selig, denn jetzt wird es doch noch gemütlich. Endlich. Wahrscheinlich sind alle schon deutlich abgefüllt mit Wein und schweren Speisen.
Falls Sie selbst Single sind, ist das also die Gelegenheit für eine große, festliche und völlig unaufwendige Einladung. Sie brauchen nur eine delikate Kleinigkeit bereitzuhalten, ein besonderes Naschwerk. Das kann eine Mitternachtssuppe sein, die sich jeder selbst aus einem großen Topf in der Küche schöpft, eine edle Fischterrine mit buntem Blattsalat und Toast, oder nur Thunfischbutter mit Kapern und Baguette – je nachdem, wie Sie den Abend bis dahin überstanden haben. Zum Glück sind ja alle eigentlich schon satt.

VORSCHLÄGE FÜR DIE DEKORATION

Kaufen Sie Getränke, Lichter und Dekorationsmaterial, und entscheiden Sie sich für ein Essensangebot oder höchstens zwei, denn vermutlich wollen alle nur noch naschen und viel trinken. Auch Wasser, Säfte und alkoholfreies Bier. Nachdem Nana Mouskouri fünfmal geram-tam-tamt hat, Mireille Mathieu ihren jährlichen Höhepunkt hatte, Bing Crosby mit allen anderen amerikanischen Schmalzbacken durch die weiße Winterwelt geswingt ist, steht Ihnen sicher der Sinn nach klaren, fröhlicheren Melodien. Die Ouvertüren von Rossini sind schmissig, festlich und machen sofort gute Laune. Eine kalte Platte mit Beethovens oder Mozarts Klavierkonzerten läßt sentimentale Wallungen abkühlen. Die sind melodiös und drängen sich – leise abgespielt – nicht zu sehr in den Vordergrund.

Verkokeln Sie auf der Herdplatte Zimt, Kardamom und Nelken, oder nehmen Sie dafür eine Pfanne, die Sie einmal duftend in der Wohnung herumtragen können. Das riecht wie in der Himmelsbäckerei. Wer über ein Set ererbten Weihnachtsbaumschmucks verfügt, hat keine Probleme.

Alle anderen brauchen sich, bevor sie sich selbst, mit Kindern gesegnet, als weihnachtstauglich erwiesen haben, nach keinerlei Dekorationsregeln und Zwängen zu richten.

Was Sie für festlich halten, was Sie glücklich macht, schreibt Ihnen keiner vor. Das kann eine Tanne sein, behängt mit Modeschmuck oder mit ein paar kleinen Gebilden aus Überraschungseiern, mit Spielzeugautos oder Lichterketten; und das kann ein nackter, schön verzweigter, schwarz-winterlicher Ast sein, an den ein paar Spielsachen und Kugeln oder bunte Süßigkeiten gehängt werden. Kerzen und Teelichter und eine große Schale mit einem Berg Zitronen und Orangen wirken schön weihnachtlich. Spicken Sie drei oder vier der Früchte mit Gewürznelken. Kullern Sie Mandarinen über den Eßtisch, und streuen Sie weihnachtliche Gewürze wie Nelken, Zimtstangen, Sternanis dazwischen.

Besonders festlich sieht weißer Schmuck auf weißer Tischdecke aus. Streuen Sie fünf bis zehn Pakete Würfelzucker in die Mitte auf den Tisch, und setzen Sie dazwischen ein paar Teelichter.

Nun bauen Sie an verschiedenen Enden in unterschiedlichen Bauweisen Mauern auf, eng und auf Lücke, und ziehen einen vierkantigen Turm halb hoch.

Dazwischen wachsen die Anfänge einer ganzen Burganlage. Schluß. Den Rest bauen die Gäste ganz ohne Aufforderung während des Essens weiter.

DAS FURCHTBARE GESCHENKEGRABSCHEN

Dieses bewährte weihnachtliche Spiel findet auf dem Boden statt.

Jeder Gast sollte ein kleines, hübsch verpacktes, häßliches oder überflüssiges Geschenk mitbringen.

Dabei besteht die Chance, sich von einem Stück zu trennen, das schon längst auf den Müll gehört hätte. Wenn im Haus kein Nippes und kein Kitsch aufzutreiben ist und nichts Überflüssiges in den Blick fällt, darf selbstverständlich auch eine Klopapierrolle oder ein Döschen Tomatenmark eingepackt werden. Sie können auch irgendein Ärgernis von der gerade zurückliegenden Bescherung geschmackvoll verpackt wieder in Umlauf bringen.

Falls Kinder an dem Spiel beteiligt sind, sollten Sie den Wert und Witzgrad der Geschenke vorher ungefähr festlegen, denn da es bei diesem Spiel grob und wüst zugeht, verlieren kleine Kinder vielleicht die Nerven und reagieren wahnsinnig enttäuscht, wenn sie am Schluß bloß ein beschriftetes Gästehandtuch ergattert haben. Ein Erwachsener kann es aushalten, im Gegenzug zu einem silbernen Serviettenring eine Tütensuppe kurz vor dem Verfallsdatum zu erwerben.

Beim furchtbaren Geschenkegrabschen zeigen sich Charakterstärke, wahre Freundschaft und auch ganz mieser Geschmack.

Zunächst werden die mitgebrachten Geschenke zu einem bunten Berg aufgetürmt. Dann begeben sich fünf bis sieben Menschen in einem Kreis auf den Boden; eventuell finden mehrere Spiele gleichzeitig statt. Eine Eieruhr wird auf fünf Minuten gestellt, fünf Päckchen liegen in der Mitte. Ein Würfel macht die Runde. Jeder darf einmal würfeln, eins und sechs sind die Gewinner. Der Würfler grabscht sich ein Geschenk seiner Wahl aus der Mitte. Da die Zeit begrenzt ist, muß der nächste Spieler so schnell wie möglich an den Würfel kommen und weitermachen. Der nächste Gewinner bedient sich wieder aus der Mitte, bis dort kein Geschenk mehr liegt.
Dann verschärft sich die Situation, denn nun kann man den anderen Gewinnern die schon gewonnenen Geschenke wieder weggrabschen. Manche, die schon drei Päckchen eingesackt hatten, werden sie vielleicht gegen Ende der Spielzeit alle wieder los. Das Spiel wird am Schluß sehr hektisch. Erst wenn die Eieruhr losrattert, dürfen die Geschenke von den neuen Eigentümern ausgepackt werden.
Dann beginnt die nächste Runde. Nach dem erregenden Spiel gibt es eine Köstlichkeit zu speisen, und danach haben die Gäste vermutlich auch genug getrunken und werden nach dem so geretteten und feierlichen Heiligabend gut gelaunt nach Hause gehen.

MALOSSOLE ÜBERRASCHUNG

Bereiten Sie etwas zu, was die Gäste vermutlich noch nie gegessen haben, und wenn doch, dann in dieser Üppigkeit noch nie gesehen haben.

Diese Überraschung ist nicht schnell und mit links zu machen. Es dauert eine ganze Weile, und die Küche, beziehungsweise Spülbecken und Arbeitsplatz, Arbeitsgeräte, Tücher und Hände sind wirklich versaut hinterher. Da gibt es nichts zu beschönigen. Es gibt nur einen einzigen Grund, dieses Gericht zu empfehlen: Es ist ein unübertreffliches Blendwerk und kann daher auch bestens als Hauptattraktion für ein großes Buffet dienen. Allerdings ist es an die winterliche Jahreszeit gebunden. Dieses eindrucksvolle Luxusessen wird jeden Gast verblüffen; einer seiner Vorteile ist, daß die Arbeit sehr leicht ist, von jedem Küchenneuling ausgeführt und schon Tage im voraus erledigt werden kann, wenn gerade Zeit vorhanden und die Nerven noch wattiert sind. Das macht dann sogar dieses Essen zu einer **schlampentauglichen** Speise.

Stellen Sie sich einen 1 bis 2 Kilogramm großen, goldenen Kaviarberg in einer blauen oder schwarzen Glasschale, auf Kristall oder weißem Porzellan vor. Auf jeden Fall sollte das Gefäß nicht rustikal und nicht aus Silber sein, denn das läuft leicht an und verändert den Geschmack von Kaviar.

Am besten kaufen Sie einmal zur Probe 200 Gramm frischen Lachsrogen zum Frühstück oder für einen speziellen Abend mit einem Lover, wenn Sie den Rogen beim Fischmann erblicken und Sie der Übermut überkommt. Lachsrogen gibt es meistens in den Wintermonaten. Die goldenen Perlen werden von einer äußeren Haut in schmalen, geöffneten Strängen zusammengehalten. Diese äußere Haut und die vielen feinen Äderchen zwischen den Perlen muß man entfernen. Erst wenn die Perlen nicht mehr zusammenhängen, sondern sich, sanft getürmt, in einer gleitenden Bewegung ausbreiten, wenn sie ganz

leicht – malossol – gesalzen sind, ist der Lachskaviar fertig und eine Delikatesse, die es mit dem schwarzen oder grauen Kaviar vom Stör aus dem teuren Döschen durchaus aufnehmen kann. Stülpen Sie schon beim Fischhändler den ganzen Rogenstrang ein wenig um, und wenn Sie merken, daß die Perlen groß und fest sind und sich schon fast von selbst lösen, haben Sie eine gute Qualität erwischt. Kaufen Sie pro Schlemmerzunge 150 Gramm und noch 150 Gramm obendrauf. Und nun an die Arbeit. Das wichtigste Werkzeug ist ein Durchschlagsieb aus Plastik mit großen runden oder viereckigen Löchern am Boden und an den Seiten, dazu kommen zwei Plastik- oder Porzellanschüsseln, eine Schale für Abfälle, eine Mullwindel oder Käseleinen, feines Meersalz. Das Abwaschen der Geräte und der Hände zwischendurch ist bei der Kaviarherstellung die einzige wirklich unangenehme und schwere Arbeit, das werden Sie schnell feststellen, denn das Protein wird hart und klebrig und gerinnt sofort, wenn es mit Wasser in Berührung kommt.

Die anderen Arbeiten sind leicht. Sie stülpen die Taschen um, greifen die in Streifen angeordneten Eier von ihrer durchsichtigen Haut ab und legen sie in das Durchschlagsieb. Wenn Sie drei bis vier Taschen so geleert haben, reiben Sie mit den Händen die Perlen im Sieb mit sanftem Druck gegen die Wände und den Boden. Sie lösen sich von ihren Verbindungshäutchen und flutschen durch die großen Löcher im Sieb. Nach zwei bis drei Ladungen ist das Sieb schon sehr verklebt und muß gereinigt werden. Wenn der ganze Lachsrogen einmal durchgerührt ist, sollten Sie aufräumen und den Tisch abwischen, denn eventuell danebengegangene Perlen trocknen schnell auf Tisch und Fußboden fest.

Dann kommt der zweite Rühr-Durchgang, der sehr viel schneller geht, weil jetzt die Perlen fast von selbst durch das Sieb fallen. Trotzdem bleiben noch viele restliche Häutchen an den Lochrändern kleben. Streuen Sie jetzt Salz in den fertigen Perlenhaufen – ganz, ganz wenig. Nehmen Sie auf ein Pfund Rogen nicht mehr als einen halben Teelöffel und probieren Sie. Nachsalzen können Sie später immer noch. Nun wird die ganze feuchte Masse einmal vorsichtig gewendet, damit sich das Salz verteilt, und dann kommt sie in das Abtropftuch. Das Tuch wird an den vier Enden zusammengeknotet und irgendwo frei hängend und kühl für ein paar Stunden aufgeknüpft, wo der überflüssige Saft langsam in eine darunterstehende Schüssel ablaufen kann. Zupfen Sie ab und zu am Knoten, damit sich die Masse ein bißchen bewegt und es besser tropft.

Danach ist der Lachskaviar fertig. Alle Flüssigkeit ist herausgelaufen.

Die Perlen bilden nun einen goldenen Berg, der im Kühlschrank aufbewahrt wird.

Decken Sie ihn mit Frischhaltefolie ab, damit die Perlen nicht antrocknen.

Später kommt der Kaviar auf den Tisch und kann mit Meersalz individuell nachgewürzt werden.

Dieser Lachskaviar hält sich bei 2 bis 4 Grad eine Woche lang. Man sagt, daß er nicht eingefroren werden kann, weil die kleinen Eier dabei zum großen Teil platzen und die aufgetaute Masse dann ziemlich matschig ist. Wenn Sie ihn aber trotzdem auf Vorrat produzieren wollen, probieren Sie es ruhig. Der Geschmack ist nicht schlechter geworden, und Sie können die Masse durchaus in ein Haarsieb geben, damit die Flüssigkeit der kaputten Eier ablaufen kann und die gesamte Konsistenz nicht beeinträchtigt. Es ist den Versuch wert.

Dazu ein großer Löffel, er sollte aus Horn oder Perlmutt sein, auch aus Edelstahl oder Plastik, nur nicht aus Silber.

Zum Lachskaviar sind nicht nur kleine, festkochende Pellkartoffeln stilecht, sondern auch Kartoffelpfannkuchen, Pellkartoffeln oder Rösti, auch Toastbrot und Crème fraîche.

Abgesehen davon, daß soviel goldener Lachskaviar oder Ketakaviar allerhand kosten würde, ist es bestimmt nicht einfach, ihn überhaupt frisch und so mild gesalzen zu bekommen. Die kleinen Vakuum-Gläschen, die bei den Fischkonserven im Regal stehen, sind jedenfalls nicht damit zu vergleichen.
Aber nicht der Preis ist wichtig, sondern die Tatsache, daß der goldene Malossol in dieser Üppigkeit und Köstlichkeit mit Geld allein einfach nicht zu haben ist. Welch ein Luxus! Welch ein Geschenk an gute Freunde!

KARTOFFELPFANNKUCHEN

2–3 mehligkochende, große Kartoffeln pro Person, Salz, Pfeffer, Butterfett zum Braten

Schälen Sie die Kartoffeln und reiben Sie sie auf einer Küchenreibe fein oder jagen Sie sie in die Küchenmaschine. Die Zwiebel, die sonst den Kartoffelteig würzt, können Sie sich ruhig verkneifen. Der Kartoffelteig wird nur leicht gesalzen, ein wenig gedrückt, und etwas von dem sich bildenden Wasser wird abgegossen. Zum Binden können Sie auch noch Kartoffelmehl dazugeben, aber das ist nur nötig, wenn Sie keine mehligen Kartoffeln erwischt haben.
Erhitzen Sie reichlich Butterfett in einer großen Pfanne, und setzen Sie nun mit dem Schöpflöffel kleine Haufen in das heiße Fett, die Sie leicht andrücken, damit sie sich ungefähr zu Handtellergröße ausbreiten. Größer sollten sie nicht sein. Da sich viel Flüssigkeit in dem Kartoffelteig befindet, wird es sehr spritzen, und der Koch braucht Schürzenschutz. Wenn die Pfannkuchen an den Rändern schön braun sind, lassen sie sich mit dem Pfannenwender leicht umdrehen.

Breiten Sie Küchenpapier aus und lassen Sie die fertigen Pfannkuchen darauf ruhen. Das Papier saugt viel von ihrem Fett auf. Wenn alle fertig sind, können Sie sie ebenfalls bis zum Verzehr im Kühlschrank aufbewahren. Später werden sie alle auf ein Backpapier gelegt und im Ofen in fünfzehn Minuten wieder aufgebacken.
Die Crème fraîche wird in eine Schüssel gefüllt, der Kaviar kommt in die Prunkschale, Pfeffermühle und Salz stehen bereit, die Puffer sind brutzelig und warm auf einer Platte ausgebreitet.
Selbstverständlich sind auch kleine Pellkartoffeln mit Butter dazu sehr köstlich. Nun können die weihnachtlichen Schampuskorken knallen.

Mitternachtssüppchen
- Rote-Bete-Suppe mit Shrimps und Zanderwürfeln
- Sahnige Muschelsuppe
- Die grundgute Kartoffelsuppe mit Variationen
- Kartoffelsuppe mit Pretiosen

Wenn Ihnen das zuviel Arbeit ist, gibt es eben nur ein weihnachtliches Mitternachtssüppchen und ein paar einfachere Schnatzeleien, die Sie vorbereiten können; und wenn es dann soweit ist, haben Sie nicht mehr viel zu tun.

ROTE-BETE-SUPPE MIT SHRIMPS UND ZANDERWÜRFELN

Für 10 Portionen: 1 Pfund rote Bete, 3 Liter trockenen Weißwein, 2 Zwiebeln, 1/2 Liter Crème fraîche, 50 Gramm Butter, 250 Gramm Lachsfilet, 250 Gramm Kabeljau oder Zander, pro Person 2 Shrimps, Kümmel, Salz, Pfeffer, 2 Liter Fischfond

Je nachdem, wieviel Zeit Sie aufwenden wollen, können Sie Fischfond aus dem Glas nehmen oder selber einen großen Topf davon ansetzen (Rezept Seite 178).
Vielleicht bekommen Sie gekochte rote Bete, sonst waschen Sie die rohen Knollen, kochen sie mit der Schale in Salzwasser in etwa ein bis eineinhalb Stunden weich. Dann schrecken Sie sie kalt ab und ziehen die Haut ab. Schneiden Sie eine Bete in kleine Würfelchen, und heben Sie sie für die Garnitur auf. Der Rest wird grob zerteilt.
Nun hacken Sie die Zwiebel in Stücke, dünsten sie in der Butter glasig und löschen mit Weißwein ab. Füllen Sie den Fischfond und die rote Bete

dazu, und pürieren Sie die ganze Suppe mit einem kräftigen Schnetzelstab – oder Sie geben alles nach und nach in einen Mixer. Mit Salz und Pfeffer abschmecken.
Die Fischfilets werden in Würfel von etwa 3 cm Kantenlänge geschnitten und mit den Scampi in der Suppe gegart; dann nehmen Sie sie mit einem Schaumlöffel wieder heraus.
Diese Arbeit können Sie vorher erledigen und die Fischstücke dann nur noch kurz mit der Suppe wieder erhitzen, wenn es soweit ist. Füllen Sie die Suppe in einen Teller, geben Sie einen Klacks Crème fraîche in die Mitte und stecken einen kleinen Dillzweig wie ein Bäumchen hinein.

SAHNIGE MUSCHELSUPPE

Ein angenehmes Weihnachtssüppchen zu später Stunde ist auch die cremige Muschelsuppe.

Für 8 Personen: 3 Kilo Miesmuscheln, 1 Liter trockener Weißwein, 1 Bund Suppengemüse, 1 1/2 Pfund mehligkochende Kartoffeln, 1 große Gemüsezwiebel, 4 Frühlingszwiebeln, 50 Gramm Butter, 2 Döschen gemahlener Safran, 250 Gramm steifgeschlagene Sahne

Die Muscheln werden unter fließendem kaltem Wasser abgebürstet und dabei laut und deutlich herumgeschubst, so daß diejenigen, die sich in Sicherheit wähnten und den Deckel schon leicht gelupft hatten, ihn schleunigst wieder schließen. Diejenigen, die sich die Schubserei bei weiterhin geöffne-

tem Deckel gefallen lassen, werden verschmäht und landen im Abfall. Rupfen Sie auch die in den Schalen eingeklemmten Bartfäden heraus.
Die Muscheln kommen in einen großen Topf, werden mit Wein begossen, zugedeckt und zehn Minuten lang gekocht. Dann putzen Sie das Gemüse, schneiden es in grobe Würfel, auch die Kartoffeln, braten alles in Butter an, löschen mit einem Liter Wasser und lassen es weich kochen. Wenn das Gemüse gar ist, wird es mit dem Zauberstab direkt im Topf und im Kochwasser flugs zerratscht und püriert.
Nun heben Sie die Muscheln aus dem Sud, lösen sie aus ihren Schalen und stellen sie kalt. Geben Sie den Muschelsud zu der Gemüsebrühe. Achten Sie darauf, daß der eventuell vorhandene Sand, der sich am Topfboden gesammelt hat, möglichst nicht mit umgegossen wird. Bei Bedarf können Sie noch Geflügelfond oder Fischfond dazugeben. Würzen Sie jetzt mit dem Safran, mit Salz, Pfeffer und Muskat. Die Sahne steht geschlagen im Kühlschrank.
So kann die Suppe warten, bis die Gäste kommen. Dann wird sie erhitzt, die Eigelbe werden mit dem Schneebesen hineingewuschelt, das gekochte Muschelfleisch folgt hinterher, und die Schlagsahne heben Sie sanft unter die Suppe. Schmecken Sie noch einmal nach, ob die Würze stimmt, ob vielleicht Zitrone fehlt, und achten Sie darauf, daß die Suppe jetzt heiß bleibt, aber auf keinen Fall zu heiß wird oder gar kocht. So wird sie serviert, mit weißem Brot und weißem Wein.

DIE GRUNDGUTE KARTOFFELSUPPE MIT VARIATIONEN

Für 8–10 Personen: 2–3 Liter Rindfleischbrühe oder Hühnerbrühe (wie der Rinderfond hergestellt wird, steht auf Seite 177), 1 Kilo weichkochende Kartoffeln, 1 Bund Suppengemüse

Sie schälen, waschen und würfeln die Kartoffeln und kochen sie in 2 Litern Brühe gar. Da Kartoffeln wahre Salzfresser sind (das kann man nutzen, wenn man mal versehentlich zu tief ins Salzfaß gegriffen hat: eine geschälte Kartoffel in den Topf, die man später gut gesalzen entsorgen kann), werden Sie mit Salz und Pfeffer nachwürzen müssen. Pürieren Sie die ganze Suppe mit einem kräftigen Zauberstab, oder treiben Sie sie durch ein Sieb. Weichkochende Kartoffeln zerfallen aber dermaßen, daß Sie die Suppe auch mit einem Schneebesen ziemlich glatt wirbeln können, und kleine Kartoffelklümpchen schmecken ja schließlich nicht schlecht. Nun kommt noch die Sahne dazu, und die Suppe ist schön und schlicht und schmeckt mit ein paar locker gestreuten Kräutern sehr erfreulich. Sie wird als Mitternachtssuppe bestimmt gern gegessen, ob die Leute nun pappsatt sind oder nicht.

KARTOFFELSUPPE MIT PRETIOSEN

Weil Weihnachten ist, soll die Suppe aber etwas Besonderes werden. Weihnachtszeit ist schließlich auch Trüffelzeit. Überall im gesegneten Piemont, in Umbrien, im Perigord werden die duftenden Knollen gesammelt, und manch ein ambitionierter Gemüsehändler beliefert auch die Schleckschmecker im hohen Norden. Beschaffen Sie sich ein kleines Fläschchen Trüffelöl und eine walnußgroße, schwarze Trüffel. Die ist durchaus bezahlbar. Ihr Geruch ist bedeutend stärker als ihr Geschmack, deswegen ist es besser, man würzt die Suppe zusätzlich mit dem Trüffelöl, sonst müssen Sie sich von ein paar Banausen immer wieder anhören, daß Trüffel nach nichts schmecken und den Preis nicht wert sind. Also hinein mit dem Aroma! Probieren Sie die Intensität teelöffelweise.

Die Trüffel putzen Sie mit einer Zahnbürste unter fließendem Wasser, trocknen sie ab und hobeln mit einem Trüffelhobel ein paar Scheibchen gerecht auf jede Suppe. Nun schmeckt und riecht es jeder, und niemand wird diesen Duft je wieder vergessen. Der Trüffelhobel ist eine sinnvolle Anschaffung, weil er auch Knoblauchzehen hobelt und alles, was hauchdünn werden soll.

Weitere Variationen

Sie schneiden pro Portion eine Scheibe Räucherlachs in Streifen und ringeln sie in die Suppenmitte mit einem Dillzweiglein.

Häuten Sie ein Stück Aal, das Sie in kleinen Portionen auf die Teller verteilen. Obendrüber raspeln Sie ein paar Späne frischen Meerrettich.

Falls Sie Scampis im Haus haben, wären auch die weihnachtswürdig.

Schneiden Sie Wiener Würstchen in die Kartoffelsuppe, oder geben Sie gebratene Scheiben Blutwurst dazu. In einigen Teilen Deutschlands ißt man am Heiligen Abend traditionell Kartoffeln mit Würstchen.

Und falls Sie ein Anhänger oder eine Könnerin der Ratz-fatz-Küche sind, zaubern Sie die Suppe aus einer Tüte Kartoffelbrei, verfeinern sie mit Sahne, einem kleinen Schluck Weißwein, graben mit einem Teelöffel kleine Nocken aus einer gut mit Majoran gewürzten Pfälzer Leberwurst und setzen fünf davon in jeden Teller, bevor Sie die Suppe daraufgießen.

Festtags-schmaus

· Millefeuille mit Geflügelleber-farce, Pistazien und Portweingelee
· Gebeizter Lachs
· Honig-Senf-Sauce

MILLEFEUILLE MIT GEFLÜGELLEBERFARCE, PISTAZIEN UND PORTWEINGELEE

Für 10 Personen: 3 Scheiben Tiefkühl-Blätterteig,
600 Gramm Geflügelleberwurst, Ententerrine oder Kalbsleberwurst, 1 Apfel oder Apfelmus, Geflügelbrühe, Portwein, Gelatine, 50 Gramm grüne Pistazienkerne, gehackt

Diese Vorspeise schmeckt hinreißend und ist sehr nobel. Man kann sie sowohl mit viel Aufwand und großem elektrischem Getöse herstellen, wie auch ziemlich flink und ganz nebenbei, nur eben ein paar Stunden im voraus. Der Blätterteig würde nach längerer Zeit zuviel Feuchtigkeit von der Füllung aufnehmen und dann pappig schmecken.
Sie brauchen eine Geflügelleberfarce. Für die Herstellung einer feinen Farce ist jedoch auch eine Küchenmaschine mit einem stählernen, großen Messer von Nutzen. Es lohnt sich aber nicht, auf dem weihnachtlichen Wunschzettel die Juwelen zu streichen und statt dessen den Küchen-Fuhrpark um ein elektrisches Hochleistungsbeißerchen zu vergrößern.
Gerade zur Weihnachtszeit gibt es gute Entenleberterrinen fertig zu kaufen, und die feine Gänseleberwurst, getrüffelt oder nicht, schmeckt auch sehr gut. Wenn Sie nur einen Eßlöffel Apfelmus und ein Gläschen Portwein oder in Portwein gedünstete und gemuste Apfelstücke mit einer Gabel oder mit dem Pürierstab unter die fertige Wurst- oder Terrinenmasse rühren, vergessen beide auf der Stelle ihre Supermarktherkunft. Mit diesem Handstreich einer pfiffigen Schlampe können Sie auch eine Kalbsleberwurst zur Geflügelfarce

verzaubern, und warum sollten Sie sich großartig ins Geschirr legen, wenn das Ergebnis so erfreulich ist?

Nehmen Sie eine Packung tiefgekühlten Blätterteig, und breiten Sie die Blätter auf einem nicht gefetteten Backblech aus. Dann piken Sie mit einer Gabel hurtig viele kleine Löcher über alle Flächen, breiten eine Lage Backpapier darüber und legen ein zweites Backblech so darauf, daß der Teig bis zu den Rändern beschwert ist und sich nicht nach oben ausdehnen kann, was er sonst zweifellos sofort täte, wenn ihm warm wird. Bei 175 Grad im Backofen wird er nun gebacken, bis er braun und gar ist, das dauert etwa eine halbe Stunde. Wenn die Farbe gut ist, nehmen Sie die Teigblätter vorsichtig mit einem Spatel heraus und lassen sie abkühlen.

Wenn die Blätterteigplatten kalt geworden sind, können Sie die Millefeuille-Pastete bauen. Bestreichen Sie die Blätter etwa fingerdick und gleichmäßig mit der Farce, und setzen Sie die Lagen aufeinander. Die letzte Schicht der Farce belegen Sie dicht mit einer dünnen Schicht gehackter grüner Pistazienkerne, die Sie mit der Handfläche vorsichtig andrücken. Nun muß die Pastete ein wenig im Kühlschrank ruhen. Dann läßt sie sich mit einem gezackten Brotmesser in fingerdicke Scheiben schneiden, aber Sie müssen die Scheiben dabei mit der flachen Hand abstützen. Die Chose ist leider etwas fragil.

PORTWEINGELEE

Während der Teig backt, entsteht Portweingelee. Erhitzen Sie ein Weinglas voll Portwein (1/4 Liter) und die gleiche Menge Geflügelbrühe (Fertigprodukt? Keine Schande). Man rechnet 6 Blatt oder 9 Gramm gemahlene Gelatine auf 1/2 Liter Flüssigkeit. Nehmen Sie ruhig 2 Blätter mehr, damit das Gelee schön steif wird und sich gut schneiden läßt. Weichen Sie die Gelatine

in kaltem Wasser ein und geben sie dann gut abgetropft in den Topf mit der heißen Flüssigkeit. Schnell löst sich die Gelatine auf, und Sie verwirbeln sie mit einem Schneebesen. Gießen Sie das noch flüssige Gelee in einen kalten Behälter um und stellen es in den Kühlschrank, wo es fest werden soll.

Die feste Masse holen Sie kurz vor dem Anrichten mit Hilfe einer langen Messerklinge aus dem Gefäß und hacken sie auf einem Brett so lange, bis kleine goldrote Würfelchen und Stückchen entstanden sind.

Plazieren Sie nun auf jedem Teller eine Scheibe von der Pastete, und klecksen Sie mit einem Kaffeelöffel an alle Ecken ein Häufchen Portweingelee. Verzieren können Sie den Teller mit kleinen Kresseblättchen, die sie locker um die Pastete streuen.

Schlampentip:

Falls Ihnen die Teigscheiben schon vor dem Zusammenbau zerbrochen sind, heulen Sie sie nicht an, sondern schneiden Sie mit dem Brotmesser lauter Dreiecke oder Quadrate von gleicher Größe aus und bauen Sie für jeden Teller ein, zwei dreistöckige Türmchen. Man kann den Blätterteig natürlich auch schon vor dem Backen in Dreiecke schneiden.

GEBEIZTER LACHS MIT HONIG-SENF-SAUCE

Ein ideales Gericht, das kaum Arbeit macht, für fünfzehn Personen reicht, wunderbar aussieht und köstlich schmeckt.

2 ganze, frische Lachsseiten mit Haut,
Salz, Zucker, Senfkörner, weißer Pfeffer,
3 Bund Dill, Wacholderbeeren, Orangenscheiben

Den Lachs lassen Sie vom Fischhändler filetieren, aber fahnden Sie selbst noch mit einer Pinzette nach Gräten. Mischen Sie 2 Tassen Salz mit 2 Tassen Zucker, 1 Handvoll Senfkörnern, 1 Handvoll weißen Pfefferkörnern, ein paar zerbrochenen Lorbeerblättern und Wacholderbeeren.

Eine Lachsseite legen Sie nun, mit der Hautseite nach unten, auf ein großes Stück Frischhaltefolie, das Sie in einem Bräter oder in einer Schüssel ausgebreitet haben. Auf dem Lachs legen Sie die Orangenscheiben und 2 oder 3 Bund Dill aus und verteilen mit lässigem Wurf die Zucker-Salz-Mischung darauf. Legen Sie die zweite Lachseite darüber, die Haut nach außen. Nun packen Sie den Fisch fest in Folie ein. Beschweren Sie das Paket mit einem Brett, stellen die Schüssel in den Kühlschrank oder irgendwohin, wo es kalt ist, und lagern Sie Flaschen oder Dosen auf dem Brett.

Nach 12 Stunden öffnen Sie die Folie, klappen den Fisch auf und beträufeln ihn mit der Lake, die sich inzwischen gebildet hat. Dann klappen Sie ihn wieder zu, drehen ihn um, packen ihn erneut ein und beschweren ihn. Nach weiteren 12 Stunden ist er fertig, aber er liegt auch gern noch ein paar Stunden länger in der Lake. Nehmen Sie ihn dann heraus, wischen Sie ihn mit Küchenpapier ab, und servieren Sie ihn auf einem Brett, begleitet von einem scharfen Messer mit schmaler, langer Klinge. Dieser Lachs braucht nicht so dünn geschnitten zu werden wie Räucherlachs; die Scheiben werden schräg und steil und etwa einen halben Zentimeter dick in Tranchen geschnitten. Wenn Sie ihn für längere Zeit aufheben wollen, nehmen Sie ihn aus der Lake heraus, tupfen ihn ab und wickeln ihn in Folie, damit er nicht zu salzig wird.

HONIG-SENF-SAUCE

1 Glas Honig, 1 Glas körniger Senf, 2 Eigelb, 1/4 Liter geschmacksneutrales Öl, Zitrone, Salz, Pfeffer, Dill, etwas von der Beize

Die Sauce wird einfach in einem hohen Gefäß mit dem Zauberstab zusammengerührt – erst Eigelb und Öl, dann kommt ein Glas körniger Senf und viel Honig dazu, ganz viel feingehackter Dill, eventuell Zitronensaft und etwas von der Beize. Mischen Sie selbst, wie Sie es mögen. Die Sauce muß süß, sauer und scharf sein. Dazu gibt es entweder Baguette oder Toastbrot. Ganz fein schmecken Pellkartoffeln, und Butter so oder so.

LEBKUCHENPARFAIT MIT PUNSCH-KIRSCHEN

Für 10 Zungen: 5 Eigelb, 60 Gramm Zucker, 2 Liter Schlagsahne, neunerlei Lebkuchen-Gewürz, Lebkuchen.
Für die Sauce: 1 Glas Schattenmorellen, Rotwein, Nelken, Zimt, Mondamin

Setzen Sie einen Topf voll Wasser auf den Herd. Schlagen Sie die Sahne steif. Zücken Sie den Schneebesen oder den Rührfix. Zucker und Eigelbe werden über dem siedenden – nicht kochenden – Wasserbad so lange geschlagen, bis die Masse dick und hell ist und beginnt, sich vom Boden zu lösen.
Dann setzen Sie den Topf ganz schnell in kaltes Wasser und schlagen weiter, bis sich die Masse wieder abgekühlt hat. Streuen Sie die weihnachtlichen Lebkuchengewürze ein, bröseln Sie einige Lebkuchen oder Spekulatiusstücke hinein, und heben Sie die geschlagene Sahne unter den Eierschaum.
Sie legen eine kleine Kastenform mit Backfolie aus, damit Sie das fertige Parfait hinterher an den Kanten leichter herausziehen können, und füllen die Parfaitmasse hinein. Ab damit in den Tiefkühler.
Für die Sauce kochen Sie die Kirschen mit sehr wenig von ihrem Saft, dafür etwas mehr Rotwein, einem Zimtstangenstück und zwei, drei Nelken für ein paar Minuten auf, fügen noch Zucker nach Geschmack hinzu und dicken die Sauce ein wenig an, indem Sie einen Eßlöffel Mondamin in ganz wenig kaltem Wasser anrühren und dann in die heiße Sauce rühren. Sie fängt an zu blubbern und kann nach einer Minute vom Herd genommen werden und abkühlen.

Zum Parfait schmeckt die Sauce auch kalt, aber wenn Sie mögen, wärmen Sie sie einfach in ein paar Sekunden in der Mikrowelle auf.

HEXENSCHNEE

Für 8 Personen: 2 Tassen Püree von roten Johannisbeeren, 2 Tassen Zucker, 2 steif geschlagene Eiweiß

Hexen Sie den Fruchtschaum in zwei Etappen, wenn Sie die doppelte Menge verarbeiten wollen. Rote tiefgefrorene Johannisbeeren werden püriert und durch ein Sieb gestrichen. Sie brauchen zwei Kaffeetassen voll von dem sauren Püree. Gießen Sie es in ein hohes Gefäß, geben Sie die gleiche Menge Zucker dazu und zwei Eiweiß. Nun greifen Sie nach moderner Hexenart zum elektrischen Rührbesen und wirbeln die Masse zu einem rosafarbenen, schaumigen Berg hoch.

Das funktioniert übrigens nicht gut mit Erdbeeren oder anderen süßen Früchten. Am ehesten eignen sich noch pürierte Sauerkirschen. Der Schaum braucht Säure für seine Stabilität. Wer weiß, warum.

Einladung mit Gesang

— ganz ohne Kocherei

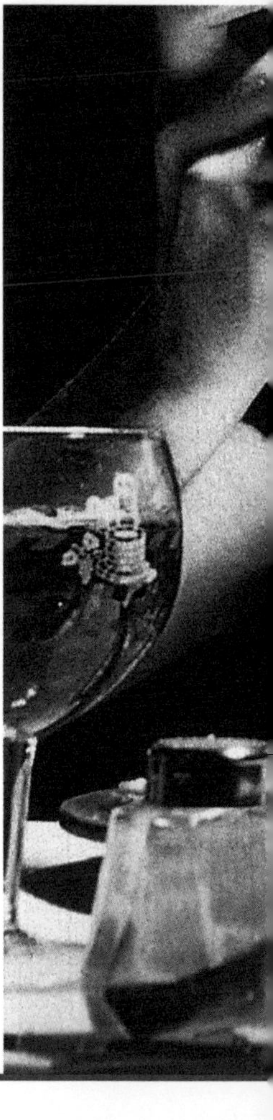

Die Idee zu diesem Abendessen mit Oper stammt von der Kleinkunstgruppe Sitamax. Das Fest, zu dem sie eingeladen hat, wird allen Teilnehmern im Gedächtnis bleiben, obwohl die Gastgeber von Vorbereitungsstreß und hohen Kosten weitgehend verschont blieben.

Man hatte ein italienisches Restaurant in Hamburg-St. Pauli für den Abend reserviert. Da etwa fünfzig Gäste geladen waren, wurden die Tische zur langen Tafel aneinandergestellt, festlich gedeckt mit weißen Tischtüchern, Blumen und unterschiedlichen Kerzenleuchtern.

Die Gäste versammelten sich zunächst vor dem Restaurant, wo ein Ober reihum Prosecco anbot; die Kinder, die umherwuselten, bekamen Orangensaft.

Die Stimmung war zunächst ganz hamburgisch: wohlwollend, abwartend, spröde – die Gäste kannten sich untereinander nicht. Als fast alle Geladenen anwesend waren, trat ein Italiener mit einer Staffelei hervor, stellte sie vor dem Eingang auf und erzählte irrsinnig schnell mit großer Gestik und in aller Ausführlichkeit die tragische Geschichte der Tosca auf italienisch – in Gossensprache und neapolitanischem Dialekt. Damit seine Rede nicht ganz umsonst blieb, blätterte er dazu die Seiten des großen Blocks auf seiner Staffelei um und zeigte Szene für Szene, Akt für Akt das traurige Geschehen in Bildern.
Gemalt hatten diese farbigen Bühnenszenen ein siebenjähriger, blutrünstiger Junge und seine höchst romantische Schwester – die beiden hatten der Geschichte eine ganz neue Gewichtung gegeben. Natürlich blitzten die Sterne, als Cavaradossi im

Kerker schmachtete, doch insgesamt spritzte mehr Blut, als vom Verfasser vorgesehen, und das tragische Ende der Tosca war ausführlicher dargestellt als die Liebesszene. Als Tosca schließlich in voller Prinzessinnenmontur stocksteif mit einem Köpfer von den Zinnen stürzte, ohne daß ihr Krönchen verrutschte, waren alle Gäste einander schon sehr viel näher. Dann ging es hinein ins Lokal. Man quetschte sich in die sehr eng gehaltene Sitzordnung und entfaltete die Speisekarte. Dazu ertönte in betörender Lautstärke der erste Akt. Die Speisenfolge war so abgestimmt, daß die Brunnensuppe, das verräterische Fleischstück zur passenden Opernstelle serviert werden sollten, doch schon im zweiten Akt war die Synchronisation empfindlich gestört. Egal – der Wein floß rasch und üppig, Opernhasser hatten endlich den richtigen Einstieg in diese Kunstform gefunden, und heimliche Opernliebhaber wurden zu enthemmten Mitbrummern. Manch echtes Sangestalent wurde entdeckt, Komiker, Schreihälse und ordentlich geschulte Chorsänger wurden geoutet, und alle Nichtskönner grinsten mit glücklich feuchten Augen. Männer mit Krawatte fielen vom Stuhl auf die Knie und besangen zwischen Suppe und Salat ihre mampfende Tischnachbarin. Eine Dame mit entblößten Schultern legte sich über den Tisch und mimte schönes Bühnensterben. Nach jeder Arie wurde frenetisch geklatscht, und besonders gute Stellen mußten – da capo!

da capo!– noch einmal abgenudelt werden: Wohl keine Live-Aufführung in der Arena von Verona hat je solche Begeisterung erregt.

Diesen Abend zu organisieren ist zwar nicht gerade simpel, dafür machen den Gastgebern aber schon die Vorbereitungen ungeheuren Spaß.
Wenn der Anlaß es Ihnen wert ist, können Sie die teure Variante wählen und alles selbst bezahlen, oder Sie legen die Kosten ganz oder teilweise auf die Gäste um. Vielleicht wollen Sie nur den Apéritif vor dem Restaurant, den Kaffee und einen Grappa am Schluß spendieren? Dann erwähnen Sie das einfach auf der Einladungskarte. Falls Sie den Anlaß für eine Spendenaktion nutzen wollen, dürfen die Kinder gleich vor dem Restaurant während der Introduktion mit Hüten sammeln gehen.
Suchen Sie ein – nicht zu gediegenes – italienisches Restaurant, das eine Stereoanlage installiert hat, über einen großen Gastraum verfügt und in der Tischordnung flexibel ist; eingebautes Mobiliar wäre hinderlich. Dieses Restaurant reservieren Sie für einen Abend.
Besprechen Sie mit dem Chef den Termin und die mögliche Anzahl der Gäste, und lassen Sie sich ein italienisches Menu vorschlagen, das nicht zu teuer ist, falls die Gäste selbst zahlen sollen und ihre finanzielle Situation sehr gemischt ist. Wählen Sie die Getränke aus, und sorgen Sie auch für eine vegetarische Variante und einen Kinderschmeck.
Nun gestalten Sie eine Speisekarte, die auch zugleich als Eintrittskarte oder Einladung fungieren kann, als Gutschein oder Getränkebon. Sie können auf dieser Karte um einen Kostenbeitrag bitten oder auch eine individuelle Notiz unterbringen.

Laden Sie alles ein, was Sie kennen, auch die Freunde Ihrer Freunde und entfernte Bekannte, Kollegen und deren Partner, Mütter, auch ein paar Großmütter und Kinder – es soll ein bunter Haufen werden. Was bei anderen Einladungen zur Strapaze für die Gastgeber ausarten kann, macht hier den Charme der Veranstaltung aus:

Niemand muß zum anderen passen und seinen Tischnachbarn verstehen; am Ende werden sie sich miteinander angefreundet haben.

Besorgen Sie eine glanzvolle CD. Am besten wirkt noch immer die ausdrucksstarke Maria Callas, bei der man sofort merkt, wenn es lustig oder tragisch wird, selbst wenn man rein gar nichts versteht.

Kaufen Sie einen großen Zeichenblock und bunte Malstifte. Heuern Sie aus dem Kreis der Gäste ein paar Kinder unterschiedlichen Alters an, die Moritatenbilder zu den Szenen und Arien anfertigen – lesen Sie ihnen dazu den Text aus einem Opernführer der Reihe nach vor.

Besorgen Sie sich einen echten Italiener

(vielleicht einen Koch oder Kellner aus dem Restaurant?), der bereit ist, freihändig und auswendig die ganze Operngeschichte zu erzählen, so wie ihm der italienische Schnabel gewachsen ist. Er soll sich mit dem Text und den Bildern der Kinder vertraut machen und bekommt dafür ein kleines Honorar.

Leihen Sie sich aus dem Freundeskreis ein paar schöne Kerzenleuchter zusammen, kaufen Sie jede Menge Haushaltskerzen, und liefern Sie alles im Restaurant ab.

Erklären Sie im Restaurant den Ablauf, damit gleich zu Anfang der Prosecco fließt, und besprechen Sie mit dem Chef, wie die Getränke abgerechnet werden sollen – dafür muß er selbst eine Lösung finden. (Wahrscheinlich ist ihm eine Garantiesumme, die Sie dann umlegen können, lieber als Einzelabrechnungen mit jedem Gast.)
Die Speisekarte enthält ein ausführlich beschriebenes, aber dabei kryptisch formuliertes Menu, bei dem jeder Gang einen beziehungsreichen Titel mit verwegen oder halbfalsch übersetzten Zitaten erhält. Was dann wirklich auf den Tisch kommt, bleibt eine Überraschung.

Elenco degli attacchi culinari e eventi melomanii
Folge der kulinarischen Attacken und musikalischen Ereignisse

Aperitivo Sant' Andrea della Valle

Panieri e Vini – *Brot und Wein*
Arie: Numi! Il paniere! *Mein Gott, der Brotkorb!* Vuoto! Vuoto! *Leer! Leer!*

Antipasto – *Vorspiel*
Zuppa del pozzo con occhi neri – *Brunnensuppe mit schwarzen Augen*
Arie: Ma falle gli occhi neri – *Aber mach ihr schwarze Augen*
Primo Piatto – *Erste Platte*
Arie: Già il veleno l'ha rosa! – *Schon wirkt das Gift!*

Tagliatelle dei poliziotti – *Schnittnudeln nach Bullenart*

Arie: Ah! Più non posso! Ah! Che error! Cessate il martir! … E troppo soffrir!

Ah, ich kann nicht mehr, beendet die Qual! Genug gelitten!

Secondo Piatto – *Zweite Platte*

Arie: In respetto del cuoco: Quanto fuocco! – *Respekt vor dem Koch: Was für ein Feuer!*

Filetto d'agnello alla Scarpia con fagiolini – *Lammfilet im Hemmschuh mit blauen Bohnen*

Dolce – *Dolche*

Arie: Il Bacio di Tosca – *Der Kuß der Tosca*

Tiramisu con coltellata – *Hochgezogenes, bemessert*

Un gemito? Pietà … pietà! *Ein Stöhnen? Erbarmen! Erbarmen!*

Digestivo – *Finale*

Arie: Un sorso per riconvarvi – *Ein Schlückchen, um Euch zu stärken.*

Vino della casa-rosso-bianco

Aqua del pozzo

Arie: Quanto? Quanto? Il prezzo! – *Wieviel? Wieviel? Der Preis!*

Tutto – *Das ganze Menu DM 42 (ohne Getränke)*

Arie: A donna bella non mi vende a prezzo di moneta! – *Einer schönen Frau verkaufe ich mich nicht für Geld!*

Praktische Grundrezepte für Feier-Schlampen

KLASSISCHE VINAIGRETTE

2 Eßlöffel Weißweinessig, 8 Eßlöffel Sonnenblumenöl, 1/2 Teelöffel mittelscharfer Senf, 1 Prise Zucker, 1 Prise Salz, frisch gemahlener Pfeffer, 1 feingehackte Schalotte

Diese Vinaigrette eignet sich für nahezu jedes Gemüse und jeden Salat. Sie können verschiedene Essige und verschiedene Öle miteinander kombinieren und statt der Schalotte frisch gehackte Kräuter untermischen. Auch körniger Senf paßt. Und wenn Sie die Vinaigrette etwas spritziger im Geschmack mögen, geben Sie einen Schuß kohlensäurehaltiges Mineralwasser dazu, wenn sie sanfter und weicher schmecken soll, geben Sie Honig dazu. Etwas Saft, Brühe oder Wein macht die Sauce weniger ölig.
Sie hält sich viele Tage, wenn Sie sie in einem verschlossenen Glas im Kühlschrank aufbewahren.

MAYONNAISE, AIOLI UND REMOULADE

Eine selbstgerührte Mayonnaise geht schnell und hat nicht die spezielle Säuernis von konservierter Mayonnaise. Für die verwöhnte Zunge kommt Mayo aus dem Glas nicht in Frage. Mit einem Schneidstab gelingt sie auch Anfängern.
Stellen Sie Eier, Öl und Zitrone im Kühlschrank für eine halbe Stunde kalt. Greifen Sie zu einem hohen Behälter, und geben Sie 2 ganze Eier, 1/4 Liter Öl, 1 Teelöffel Zitronensaft, Salz, Senf und frisch gemahlenen Pfeffer dazu. Nun halten Sie den Schneidstab (nicht das Rührgerät!) in den Behälter und

schnurren alles auf einen Rutsch auf höchster Stufe durch, bis es zu einer dicken, weißlichen Creme geworden ist. Die Mayonnaise ist fertig. Sie wird fester, wenn Sie noch mehr Öl dazugeben, und wenn sie Ihnen zu fest ist, strecken Sie sie eben wieder mit einem Eßlöffel Wasser.

Für eine **Knoblauchmayonnaise** brauchen Sie Knoblauch, soviel Sie mögen. Der kann auch gleich mit Öl und Eiern verwirbelt werden. Um der Knoblauchmayonnaise ein wenig von der Schärfe zu nehmen, sie etwas milder zu gestalten und sie optisch zu verändern, rühren Sie noch einen langen Streifen aus der Tomatenmarktube darunter.
Diese Sauce paßt ebenfalls zu Fisch und Fleisch und zu rohem Gemüse.

Für eine **Remoulade** würzen Sie die Mayonnaise mit kleingehackten Gürkchen, viel Schnittlauch, Dill und Petersilie, Zwiebeln und gehackten Kapern und mit 1 Eßlöffel von dem süßsauren Gurkenwasser aus dem Glas.
Die Remoulade paßt zu jeder Art von kaltem Fleisch und kaltem Fisch.

Für eine provenzalische **Aioli** zerreiben Sie geschälten Knoblauch mit Salz im Mörser, quetschen eine weichgekochte, mehlige Kartoffel darunter, pfeffern und lassen Olivenöl in feinem Strahl einfließen, während Sie die Sauce kräftig mit dem Schneebesen bearbeiten. So wird sie allmählich dick. Damit der Geschmack nicht gar so robust ist, braucht die Aioli noch den Saft einer halben Zitrone.
In Spanien wird diese Sauce auch ohne Kartoffeln dick – das kommt von den vielen Knoblauchzehen.

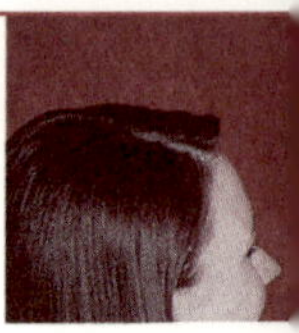

Fonds

- **Rinderfond**
- **Hühnerfond**
- **Fischfond**

Einen Fond selbst herzustellen, gehört einerseits zu den tatsächlich sinnvollen Kocharbeiten und ist andererseits so simpel, daß es kaum der Rede wert ist. In früheren Zeiten kochte ein großer Topf mit Brühe auf jedem Herd. Und zwar tagelang. Immer wieder wurde Wasser aufgefüllt, und nebenbei kam alles Verwertbare hinein, was bei der Küchenarbeit an Gemüse, Fleisch und Knochen beim Putzen und Parieren übrigblieb.

Jeden Tag schöpfte man daraus die Suppe, in die Brot oder Teigwaren zum Sättigen gelegt wurden,

und jeden Tag schmeckte die Suppe ein klein wenig anders, je nachdem, was auf dem Küchenbrett übriggeblieben war.

In guten Restaurantküchen steht immer ein Topf mit einem Ansatz für Rinderfond, Geflügel-, Lamm- oder Fischfond auf dem Herd. Auf diese Töpfe verteilen die Köche alle brauchbaren Gemüsereste wie das Grüne von den Porreestangen, Sellerieblätter, halbe Tomaten, Knöchelchen, Gewürze. Wenn die Brühe lange genug geköchelt hat, wird sie gefiltert. Am nächsten Tag schöpft man die erhärtete Fettschicht ab und kocht die Brühe ein. Dann wird sie eingefroren.

Das können Sie genauso machen. Wenn Sie einmal im halben Jahr einen Fond zubereiten, ihn stark konzentrieren und dann in Joghurtbechern oder im Eiswürfelfach einfrieren, haben Sie immer die Grundlage für eine feine Sauce zu einem kurz gebratenen Stück Fleisch oder Fisch, eine Brühe für Teigtaschen und eine Suppe. Schöpfen Sie mit einem Schaumlöffel immer mal wieder den grauen Eiweißschaum ab, der sich auf der Oberfläche bildet, und lassen Sie den Topf sonst in Ruhe. Rühren Sie nicht um, gießen Sie höchstens Wasser nach, damit alles gut bedeckt ist. Dann filtern Sie die Brühe mit

einer Kelle durch ein Sieb und dann durch ein Tuch in einen anderen Behälter. Alle festen Bestandteile werden weggeworfen. Kochen Sie den Fond kräftig zusammen und frieren ihn platzsparend für später ein.

RINDERFOND

1 kg Roastbeefknochen oder Querrippe, 3 Markknochen, 1 Bund Suppengemüse, 2 Lorbeerblätter, eine Handvoll Pfefferkörner, ein paar Pimentkörner, 1 große Gemüsezwiebel, wenn Sie haben, etwas Liebstöckel, 1 Eßlöffel Tomatenmark

Sie braten die Knochen mit dem Gemüse in Öl kräftig an, würzen mit Salz und Pfeffer, Lorbeerblatt, Pfefferkörnern und Tomatenmark, rösten alles zusammen, löschen mit einer Kelle Wasser und schmoren sie eine Stunde lang. Dann kippen Sie den ganzen Ansatz in einen großen Topf, bedecken ihn mit 3 Liter kaltem Wasser und setzen den Topf auf den Herd. Die Brühe köchelt ein paar Stunden lang allein leise vor sich hin. Dann wird die Brühe portionsweise durch ein Sieb gegeben, aber nicht in den Ausguß (kommt in den besten Küchen vor), sondern in einen Topf. Gemüse und Knochen haben ihren Dienst getan, sind ausgelaugt und werden weggeworfen.
Am nächsten Tag wird die Brühe entfettet, indem Sie einfach die erkaltete Schicht abheben. Dann kochen Sie die Brühe ein.
Kalbsfond wird wie Hühnerfond angesetzt und reduziert.

HÜHNERFOND

Hühnerklein oder 1 ganzes zerteiltes Hähnchen, Mohrrüben, Lauch, Sellerie, eine mit Nelken bespickte Zwiebel, Lorbeerblätter, Champignonstiele, Petersilienstiele

Braten Sie das Fleisch und das Gemüse in Butter an, füllen mit Wasser auf und kochen den Ansatz ein paar Stunden lang. Am nächsten Tag wird er erst entfettet, weil das praktisch ist (siehe Rinderfond).

FISCHFOND

2 kg Köpfe (ohne Kiemen), Gräten und Abschnitte vom Fischhändler holen.

1 Gemüsezwiebel, 1 Stange Porree, Sellerie, Fenchelabschnitte, auch 2 Tomaten, 3 Lorbeerblätter, 1 Teelöffel Fenchelsamen, 1 Teelöffel weiße und schwarze Pfefferkörner, 1/2 Liter trockener Weißwein und 1 1/2 Liter Wasser, Salz

Besonders gut sind die Reste von Plattfischen wie Butt und Seezunge. Lachs können Sie nur verwenden, wenn eine deftige Fischsuppe auf dem Programm steht, und verzichten Sie auf Makrele oder andere ölige Fische. Zerteilen Sie die Gräten mit einem schweren Messer, und geben Sie sie mit Gemüse und Gewürzen in den Topf. Nach dem Anbraten in Butterfett löschen Sie mit Wein und füllen mit Wasser auf. Die Brühe eine halbe bis eine Stunde lang köcheln. Dann filtern, reduzieren und für Saucen oder Suppen verwenden.

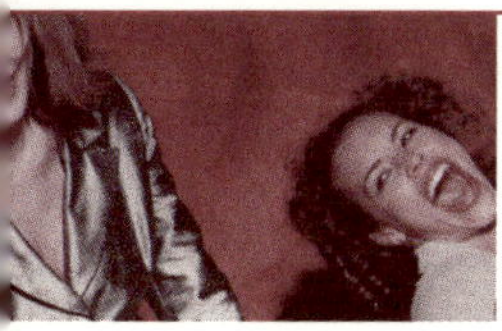

KORIANDERPESTO

2–3 Bund frischer Koriander,
1 Bund Petersilie, 150 Gramm Pinienkerne oder Erdnußbutter, 250 ml Olivenöl, 60 ml Zitronensaft, abgeriebene Zitronenschale, 1 Teelöffel Zucker, Salz, ein Stückchen rote Pfefferschote

Greifen Sie zur Küchenmaschine mit dem großen Stahlmesser, und streuen Sie Kerne und Kräuter in den Behälter. Während die Maschine röhrt, folgt das Öl in feinem Strahl, dann Saft und Gewürze. Pürieren Sie alles, bis es eine weiche Paste ist.

Pesto genovese: Das klassische Pesto wird im gleichen Verhältnis aus Basilikumblättern, Pinienkernen und Öl gerührt, aber dazu kommen noch Knoblauchzehen, soviel Sie mögen, und geriebener Parmesankäse.

Tomatenpesto: Wenn Sie ein Pesto mit eingelegten Tomaten machen wollen, passen Petersilie, Basilikum, etwas Knoblauch und Pecorino hinein.

Olivenpesto: Für ein Olivenpesto brauchen Sie schwarze, entkernte Oliven in Salzlake, die Salzlake wird aber weggegossen, halb so viele eingelegte Kapern, ein paar Knoblauchzehen, ein bis zwei Sardellen und die geriebene Schale einer Zitrone.

Alle diese Kräuterpasten können Sie mit Lammfleisch essen, als Sauce zu Nudeln geben oder damit ein knuspriges, warmes Stück Brot bestreichen.

Schaumschlägerei

- Sabayon oder Weinschaumsauce
- Zabaione

SABAYON ODER WEINSCHAUMSAUCE

Diese Sauce paßt gut zu gegrilltem oder gedämpftem Fisch, zu Krustentieren, zu Kalbssteak, Hähnchenfleisch und zu gedünstetem Gemüse.

Für zwei bis drei Personen: 3 Eigelbe, 1 Glas Weißwein , Salz, Pfeffer, 1 Tasse Gemüsefond oder Kalbsfond, 1 Schuß Aquavit, gemahlener Kümmel

Stellen Sie die Schüssel mit der zusammengerührten Eier-Brühe-Wein-Gewürz-Mischung in einen größeren Topf mit sehr heißem, aber nicht kochendem Wasser, und schlagen Sie die Masse mit einem Rührgerät, bis sie dick wird. Aber es geht auch direkt auf dem Herd: Die Eiermischung wird zunächst mit dem sensibleren Schneebesen im Topf kalt schaumig gerührt. Dann kommt der Topf auf den Herd. Ziehen Sie ab und zu den Topf zurück, beeilen Sie sich und achten Sie darauf, daß der Schneebesen die Sabayon auch an den Bodenrändern umwirbelt. Am besten eignet sich dazu eine Sauteuse – ein Stieltopf mit schrägen Wänden – oder ein Wok. Langsam wird der Schaum warm, und die Masse wird dick.
Wer will, schiebt ein paar Butterstückchen nach, wenn die Sauce zu dick wird, oder gießt beim Weiterschlagen noch ein Täßchen Sahne hinein. Wenn die Kreise des Besens auf der Oberfläche Muster bilden, ist die Sabayon fertig.

Variationen:

Statt Aquavit und Kümmelgewürz können Sie auch mit Sherry oder Weißwein und Safran würzen, oder mit Weißwein und gehackten Kapern, Cognac und ein paar gehackten Champignons und Zwiebeln, die aber vorher in einer Pfanne gedünstet werden müssen, weil sie danach zum Garen keine Zeit mehr haben.

ZABAIONE

Mit diesem schnuckeligen Dessert aus Italien wird frisches Obst, Obst aus dem Glas oder Eis begossen.

4 Eigelbe für 3 Personen, 2 Eßlöffel Zucker, 1 Gläschen Marsala

Die italienische Zabaione wird technisch wie die salzige Sabayon zubereitet. Sie schlagen zunächst die Eigelbe mit dem Zucker schaumig, fügen dann den Marsala hinzu und schlagen das Ganze über einem Topf mit heißem Wasser oder direkt auf dem Herd zu festem Schaum.
Probieren Sie es auch mit weißem Portwein, mit Sherry oder Malaga, mit Sekt, Champagner oder Likör, und variieren Sie dabei die Zuckermenge.

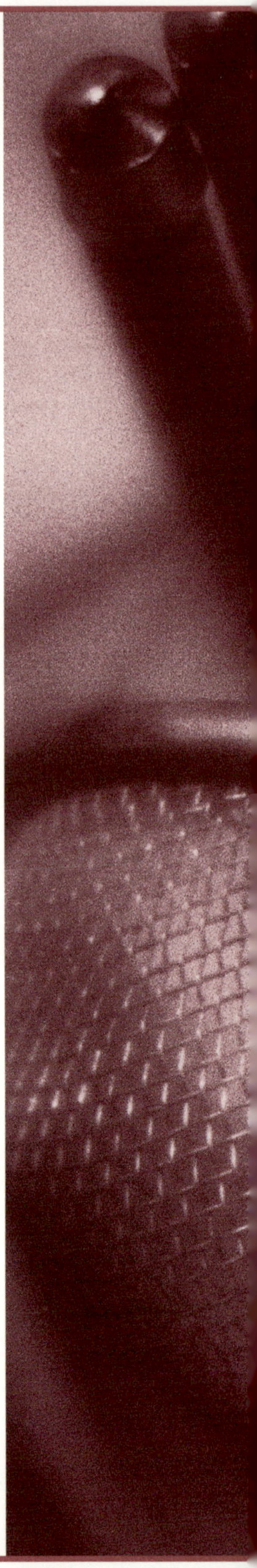

Register

— wie war das noch?

ALPHABETISCHES REGISTER DER REZEPTE

ALPHABETISCHES REGISTER DER REZEPTE

WORAUF HABE ICH APPETIT?

Suppen

Snacks, kleine Speisen und Beilagen

Hauptspeisen – Fisch, Fleisch, Gemüse

WORAUF HABE ICH APPETIT?

Photonica: S. 3–9, 182–187

Tony Stone: S. 10–11, 27, 33, 40–42, 56–59, 66–67, 72–74, 86, 122–123, 134–138, 191

Bavaria: S. 12–15, 70–71, 110–111, 154

Johannes Caspersen/Brigitte/Picture Press: S. 18–23, 28–30

Zefa: S. 48–51, 60–63, 78–82

Jahreszeiten Verlag: S. 90–91, 96–97, 102–103, 120–121, 147–148, 172–179

Johannes Caspersen: S. 92–95

Ullstein Bilderdienst: S. 126–130

Elisabeth Broekaert/feeling: S. 140–143, 159

Premium: S. 164–171

Martin Walach: S. 189

Gisela Krahl,
Herausgeberin und Lektorin,
lebt mit ihrer Familie in Hamburg.
Sie kocht von Zeit zu Zeit als Beiköchin
zusammen mit Köchen internationaler
Herkunft in renommierten
Hamburger Restaurants.
Ihr «Schlampen-Kochbuch»
(Wunderlich Verlag 1998) wurde
auf Anhieb ein Bestseller.
Außerdem erschienen im
Wunderlich Verlag «Wonnestunden»
und im Rowohlt Taschenbuch Verlag
die Reihe «Schönes Leben»
(rororo 60190–60195).

Dankeschön.
Mein Dank gilt den famosen Köchen vom Restaurant Rexrodt in Hamburg, wo ich ab und zu hacke und koche: Trevor Stocker (auch Engländer schmecken fein), Michele Minzera (bin ni da), Jörg Köpke (alles im Kasten), Michael Skrzipitz (Flaschenöffner) und besonders Nils O. Nielsen, dem neuen Chef des Hauses und überaus pfiffigen und einfallsreichen Herrn über Topf und Pfanne. Und nicht zuletzt Wolfgang Tuschmann, dem Westfalen, der immer das Weite sucht.